MW01711801

La Première Fois de Sarah-Jeanne

Chère Sandrine,

Merci de me lire...

Et vive l'adolescence!

Marie Gray

Marie Gray

La Première Fois de Sarah-Jeanne

roman

Guy Saint-Jean
ÉDITEUR

Catalogage avant publication de Bibliothèque et Archives nationales du Québec et Bibliothèque et Archives Canada

Gray, Marie, 1963-
La première fois de Sarah-Jeanne
Pour les jeunes.
ISBN 978-2-89455-312-1
I. Titre.
PS8563.R414P73 2009 jC843'.54 C2009-940111-8
PS9563.R414P73 2009

Nous reconnaissons l'aide financière du gouvernement du Canada par l'entremise du Programme d'Aide au Développement de l'Industrie de l'Édition (PADIÉ) ainsi que celle de la SODEC pour nos activités d'édition. Nous remercions le Conseil des Arts du Canada de l'aide accordée à notre programme de publication.

Patrimoine canadien Canadian Heritage Canada Conseil des Arts du Canada Canada Council for the Arts SODEC Québec

Gouvernement du Québec — Programme de crédit d'impôt pour l'édition de livres — Gestion SODEC

Conception graphique : Christiane Séguin
Révision : Lysanne Audy
Illustration de la page couverture : J.W.Stewart

Dépôt légal — Bibliothèque et Archives nationales du Québec, Bibliothèque et Archives Canada, 2009
ISBN : 978-2-89455-312-1

Distribution et diffusion
Amérique : Prologue
France : Volumen
Belgique : La Caravelle S.A.
Suisse : Transat S.A.

Guy Saint-Jean Éditeur inc.
3154, boul. Industriel, Laval (Québec) Canada. H7L 4P7. (450) 663-1777.
Courriel : info@saint-jeanediteur.com • Web : www.saint-jeanediteur.com

Guy Saint-Jean Éditeur France
48, rue des Ponts, 78290 Croissy-sur-Seine, France. (1) 39.76.99.43.
Courriel : gsj.editeur@free.fr

Imprimé et relié au Canada

ASSOCIATION NATIONALE DES ÉDITEURS DE LIVRES

Remerciements

J'aimerais dire merci, de tout mon cœur,

à toute ma famille, surtout mon père et ma mère, pour leur soutien et encouragement, et de m'avoir fait naître dans une famille aussi merveilleuse ;

à mes enfants, mes amours, pour la motivation et l'inspiration (et aussi, Sam, pour tes bonnes idées !) ;

aux belles ados que j'ai la chance de connaître, pour l'inspiration, les confidences, les idées et les commentaires, particulièrement ceux de Virginie (et Linda), Marie-Pyer, Virginie (et Johanne) et Gabrielle ;

à la fantastique équipe de Guy Saint-Jean Éditeur, pour tout, tout, tout ;

à ma meilleure et « nouvelle » amie, Claude : merci de faire partie de ma vie et d'être si encourageante ;

un merci tout spécial à Nathalie, pour son enthousiasme, la pertinence de ses remarques, sa gentillesse et sa disponibilité ;

à toutes les filles, les mères, les enseignants, les intervenants, qui m'ont encouragée à écrire ce livre ou qui m'ont guidée avec leurs commentaires et leurs suggestions : votre aide a été inestimable.

Je dédie ce livre à tous ceux que j'aime et, surtout, à toi... Oui, oui, toi qui tiens ce livre et t'apprêtes à le lire. Qui que tu sois, où que tu sois.

Merci d'être là...

Marie

Prologue

Le jour J...

Eh oui ! J'en suis là, à attendre le jour J. Moi, Sarah-Jeanne Marchand, je l'attends, je l'espère. Quand exactement arrivera-t-il ? Je n'en sais absolument rien, mais je sens que ce sera très bientôt. Le jour où nous serons enfin seuls. Tout seuls chez lui. Ma mère ne m'attendra pas, nous aurons tout notre temps...

Nous savons tous les deux que ce moment important est imminent ; nous l'espérons et l'anticipons depuis plusieurs semaines. Des semaines qui nous ont paru interminables, mais qui, en même temps, étaient tellement remplies de toutes sortes d'émotions qu'elles sont passées à la vitesse de l'éclair. De toute manière, cette attente était nécessaire, question de bien faire les choses. LA chose. Car oui, bien sûr, il est question de *ça*. Cette fameuse chose qui fera enfin de moi, indiscutablement et pour le reste de ma vie, une femme...

Après tous les événements des derniers mois, j'ai pourtant l'impression de ne plus être une petite fille ni même une ado, réellement. Mais ça, et avec lui, ce sera véritablement l'étape ultime, la vraie de vraie de vraie preuve que j'arrive à l'âge adulte.

«Ta première fois, tu vas t'en rappeler toute ta vie. Organise-toi donc pour que ce soit un bon souvenir...».

Cette phrase de ma grande sœur Nadia me trotte inlassablement dans la tête, comme une chanson dont on n'arrive pas à se débarrasser. Cette toute petite phrase a pris, au fil du temps, une signification bien différente de ce qu'elle était au début, et pour plusieurs raisons, mais surtout parce que maintenant, après tout ce qui s'est passé, je la comprends. Totalement.

Dans les bras de celui qui est devenu mon amoureux, mon ami, mon confident, celui avec qui j'ai déjà vécu plusieurs «premières fois» de toutes sortes de choses, je serai bien. Ses lèvres si douces dans mon cou et ses mains qui se baladeront tendrement sur mon corps, amoureusement, ses doigts qui me donneront mille caresses partout. Ouf! Je veux être bien. Ses mains, ses lèvres, je les veux là, sur chaque parcelle de mon corps et sur mon cœur aussi, même si elles y sont déjà. Car je sais enfin que Nadia avait raison, et que j'ai bien fait d'attendre le bon moment, avec la bonne personne, au bon endroit, pour faire cet acte qui est, en quelque sorte, le couronnement de tout ce que nous venons de vivre ensemble.

Oui, je me souviendrai de ce moment toute ma vie…

Il me déshabillera, caressera mes seins à travers mon soutien-gorge et mon cœur s'emballera, comme chaque fois qu'il s'approche de moi. Des frissons de plaisir et d'anticipation et, avouons-le, une certaine nervosité aussi, me parcourront sans relâche et je sentirai une bosse bien dure gonfler le devant de son pantalon. Je me sentirai belle, désirée..., mais serai-je à la hauteur de ses attentes ? Sera-t-il déçu ? Je suis si inexpérimentée. Mais il me rassurera. La chaleur de son étreinte me dira que tout va bien se passer, que je n'ai rien à craindre, qu'il fera tout pour que ce moment soit mémorable et doux. Nous avons tout prévu, tout préparé. Je l'aime, et je sais qu'il m'aime aussi.

Comme une litanie, la phrase de ma sœur me revient en tête...

Quand Nadia s'était mise à me parler de cette fameuse « première fois », je ne comprenais pas trop pourquoi elle en faisait tout un plat. J'étais curieuse. À l'époque, tout ça était encore bien mystérieux pour moi. Je n'avais que quatorze ans, et je me croyais totalement amoureuse de Justin, qui en avait presque seize. Je savais que Justin voulait qu'on « aille plus loin », mais tout ça était encore très flou dans ma tête. Je me contentais très bien de nos caresses du moment et je n'étais absolument pas pressée de voir ce qui venait après ! J'étais donc tiraillée entre cette constatation et le fait, bien réel, que je ne voulais pas qu'il se désintéresse de moi ou me trouve « immature », ce fameux mot si détestable. Je ne savais pas trop comment réagir. Bien sûr, les caresses que nous nous échangions étaient, hmmm ! très, TRÈS agréables. J'adorais sentir son corps chaud contre le mien, et nos baisers insistants me rendaient tout à l'envers, j'en avais les jambes molles. Il y en a eu beaucoup, en fait, des « premières fois », des moments d'intimité que je n'aurais voulu vivre qu'avec lui, durant ces semaines. Mais de là à… faire l'amour ? ? Whoaaa ! Ce que nous faisions me suffisait bien pour le moment, et j'espérais naïvement qu'il en allait de même pour Justin…

Nadia, de quatre ans mon aînée et qui, à l'époque, habitait encore chez nous, avait accueilli mes confidences avec joie, jouant son rôle de « connaissante » avec un plaisir évident. Depuis qu'elle était devenue une ado, elle avait pris ses distances avec moi et il y avait longtemps qu'elle ne s'était pas intéressée à mes interrogations de petite fille. Mais là, le sujet l'intéressait ! Elle avait donc poursuivi sur sa lancée : « Tu sais, la première fois, ça peut être magique. Extraordinaire. Mais ça peut aussi être très, très décevant, ou même carrément l'enfer, si tu le veux pas vraiment. Si t'es pas sûre, attends. S'il t'aime vraiment, il va comprendre. Sinon, c'est pas le bon. Et puis… vous avez des condoms ? »

Cette dernière recommandation m'avait fait l'effet d'une douche froide. Des condoms ? Euh… bien sûr, oui. Mais, quand même, ouache ! Oui, je savais bien qu'il fallait faire très attention, se protéger et tout le reste. J'avais bien entendu les leçons et tous les avertissements d'usage qui n'avaient réussi, sur le coup, qu'à me convaincre que Justin et moi avions tout notre temps avant d'aller plus loin. Infections, grossesse, etc. Très romantique, tout ça ! Et l'amour, là-dedans ? Pour Justin et moi, justement, il s'agissait d'amour. Et puis, je lui faisais confiance…

«Oui, mais la confiance, c'est pas très efficace comme moyen de contraception ! » Aïe, aïe, aïe. Comme c'était compliqué tout ça ! Déjà, c'était pas facile de s'imaginer tout ce qui serait possiblement agréable, il fallait en plus penser à tout ce qui pouvait aller de travers !

J'avais cependant un problème, et du genre majeur. J'allais déménager bientôt et je voulais vraiment que Justin continue, malgré la distance, à m'aimer. Ce serait compliqué, mais il y avait sûrement moyen de poursuivre notre relation, non ? J'aimais Justin à la folie. Et si nous faisions l'amour, si je lui offrais ce cadeau qui lui ferait plaisir, ne verrait-il pas à quel point je l'aimais et combien je tenais à lui ? J'étais de plus en plus mêlée. Et puis, cette fameuse phrase de ma sœur, je n'étais pas si sûre de bien la comprendre. Qu'est-ce qui pourrait, au juste, aller de travers ?

Il ne me fallut que quelques mois pour enfin y voir plus clair. Tout ce qui se passa par la suite me montra de façon très éloquente que les choses ne sont pas toujours aussi simples qu'elles en ont l'air et que j'avais encore bien des choses à apprendre. Et ça, la Vie s'en est très bien chargée...

Chapitre 1

Une nouvelle vie

La rentrée scolaire s'annonçait pénible cette année. Nous venions d'emménager, la semaine précédente, dans notre nouvelle maison, à plus de deux cents kilomètres de ce que je devais déjà appeler mon ancienne vie. Ma mère s'était fait offrir un poste alléchant ici et Michel, mon beau-père, n'avait eu aucun mal à trouver, lui aussi, un meilleur emploi. Nadia, quant à elle, avait choisi d'aller vivre en résidence à l'université où elle allait étudier, à quelque deux heures de route. Elle venait de s'installer là-bas mais elle me manquait déjà terriblement. Même si je ne passais pas beaucoup de temps avec elle, nos occupations étant plutôt différentes, son absence faisait un bouleversement de plus. Et je trouvais qu'il y en avait suffisamment comme ça!

Quand ma mère m'avait annoncé ce changement, je l'avais assez difficilement encaissé même si je savais que ça arriverait un jour ou l'autre... J'avais fini par me faire à l'idée, tant bien que mal. Il y avait si longtemps qu'elle espérait ce transfert; je savais avec quelle impatience elle avait attendu cette opportunité. Depuis la mort de mon père, en fait.

Je n'ai pas vraiment connu mon père. Il est décédé dans un accident de voiture alors que j'avais à peine deux ans. Nadia a quelques souvenirs de lui, mais ils sont de plus en plus vagues… et elle n'arrive pas à être certaine s'il s'agit réellement de souvenirs ou si ce ne sont que des images émanant de toutes les photos que ma mère conserve si précieusement. Ma mère voulait quitter cette maison, ce quartier qui nous avait vues naître. Elle semblait bien guérie — surtout depuis Michel qu'elle avait rencontré cinq ans plus tard —, mais ce changement, cette nouvelle vie qu'elle pouvait commencer ailleurs avec lui, signifiait, enfin, qu'elle pouvait définitivement tourner la page.

Donc, pour moi, pour nous, tout était nouveau. Je n'avais même pas eu le temps d'explorer les alentours avant la rentrée scolaire, encore moins de me faire des amis. À peine quelques jours pour installer ma nouvelle chambre, aider ma mère et Michel à tout placer dans les autres pièces et voilà, la rentrée. Nouvelle ville, nouvelle école, rien de familier. Rien du tout.

Je m'éveillai, ce premier matin-là, remplie de bonnes intentions et bien décidée à passer une belle journée malgré l'angoisse qui me donnait des crampes. J'avais passé la nuit précédente — la semaine entière, en fait ! — à essayer d'imaginer comment les choses se passeraient. Ma mère, et Nadia qui m'avait téléphoné la veille pour me souhaiter bonne chance, disaient toutes les deux que le plus difficile serait la première semaine. On verrait bien. J'espérais qu'elles aient raison et je me disais que je pouvais bien attendre une semaine avant de m'énerver. Une semaine, ça pouvait passer vite ou à une lenteur infernale… « Ça, ça dépend de toi ! avait dit Nadia. Si tu restes dans ton coin et que tu longes les murs, c'est sûr que ça va être long et pénible…, mais c'est pas vraiment ton genre, hein, sœurette ? » C'est vrai. Je ne suis pas de nature timide ou réservée. Mais quand même, n'aurais-je pas pu connaître au moins une personne à cette nouvelle école ? Une seule ? Je m'accrochai au conseil de Nadia. Elle avait souvent raison. Je savais bien qu'elle jouait à la grande sœur rassurante, car c'était souvent son rôle ! Elle avait cette façon de me faire sentir son affection, sa bienveillance. Malgré la distance qui allait nous séparer désormais, je savais que je resterais sa petite sœur, qu'elle veillerait sur moi de loin. Et comme je savais qu'elle commençait une toute nouvelle vie aussi remplie d'inconnus que le serait la mienne, je décidai d'être courageuse. Si elle y arrivait, j'y arriverais aussi !

Pour me donner une contenance en me rendant à mon arrêt d'autobus scolaire — ça aussi, c'était nouveau, avant je pouvais marcher jusqu'à l'école —, je tentai de me mettre de bonne humeur avec mes chansons préférées. Chaque refrain s'écoulant de mes écouteurs me donnait du courage. Tant mieux, car voir la foule qui attendait l'autobus, au moins une vingtaine de gars et de filles de tous les genres, faisait voleter une centaine de papillons dans mon ventre.

J'aperçus un petit talus gazonné et agréablement désert et je choisis de m'y installer en espérant que l'autobus ne tarderait pas trop. Je me demandai vaguement si je ne devrais pas mettre la musique de côté et tenter de me joindre à une conversation, mais je n'en eus pas le courage. Demain, peut-être. Une chose à la fois! Faudrait pas exagérer! Je préférai plutôt me livrer à un petit exercice d'observation, le regard bien en sécurité derrière mes lunettes fumées.

Il y avait évidemment des jeunes de tous les genres. Eh oui! Même si je me sentais dans un tout nouvel univers, je dus admettre que ceux et celles qui attendaient l'autobus avec moi ressemblaient en tous points aux jeunes de mon ancienne école: mêmes styles, mêmes groupes, mêmes cliques. Aucun extraterrestre à l'horizon. Cette idée me fit sourire et j'entrepris mon examen. Ici, trois filles très jolies, toutes bien maquillées, un peu trop «poupounes» à mon goût, jupettes assorties et décolletés bronzés bien en évidence. Là, une fille et deux gars, du genre plutôt sportif, casquettes sur la tête et écouteurs sur les oreilles. Plus loin, une fille à l'air timide, et surtout encore très endormie, se tenait à l'écart. Je me disais que je pourrais peut-être aller la voir, mais au moment où je passais cette réflexion, elle fit un signe de la main à un couple qui approchait. Deux autres garçons partageaient une cigarette assez loin de moi; l'un d'eux parlait beaucoup trop fort à mon goût pour un petit matin de fin d'été et l'autre avait le visage entièrement couvert d'une acné spectaculaire.

Je vis finalement l'autobus arriver au moment où je me disais que je ferais sans doute la connaissance de quelques-uns d'entre eux d'ici les prochains jours. Je montai avec le troupeau, tentai de m'asseoir à plusieurs reprises et me fis bousculer et pousser de la hanche et du sac à dos. Je finis par atterrir à côté d'une fille bizarroïde qui tentait, c'est du moins ce que je pensais à cet instant, de se donner un air gothique, mais qui ne parvenait qu'à avoir l'air morbide et étrange.

D'une pâleur de mois de janvier, son visage témoignait d'un été passé à l'intérieur. Elle était vêtue de noir des pieds à la tête, mais c'était tout ce qu'elle semblait avoir adopté de l'esthétique gothique : elle portait une blouse de style poche de patates et un jean si ample qu'il devait appartenir à son père. Ses cheveux étaient teints en noir presque bleu, mais plusieurs mèches, d'un brun souris terne, semblaient avoir été « oubliées », intentionnellement ou pas. Elle avait sérieusement besoin d'une retouche et d'une manucure : ses ongles, rongés jusqu'à la peau, arboraient des restes de vernis noir écaillé. Sur son visage, pas la moindre trace de maquillage, ce qui accentuait ses cernes profonds. Je réalisai qu'elle aurait pu être jolie. Vraiment très jolie, en fait, mais elle semblait se donner beaucoup de mal pour ne pas l'être. Pour ça, au moins, l'effet était des plus réussis. Elle faisait vraiment peur à voir...

J'entendis quelques ricanements de la part des filles à jupettes et des commentaires hyper intelligents des gars à casquettes :

— Hey ! Julianne, tu t'en vas où, de même ? L'Halloween, c'est juste dans deux mois !

— Hey ! le vampire, attention, le soleil va te faire crever !

Autres ricanements et autres remarques des plus insignifiantes... ça m'énerve tellement, ce genre de conneries ! Pourquoi ne peuvent-ils pas seulement la laisser être *weird* tranquille ? La fille ne semblait pas perturbée le moins du monde, comme si, en fait, elle ne les entendait même pas. Tant mieux pour elle ! Dans une forme de solidarité, je tentai d'entamer la conversation :

— Salut. Moi, c'est Sarah-Jeanne.

— Grmblmm...

— Quoi ? J'ai pas compris...

— J'ai dit « ouain, pis ? ».

— *Oh boy* ! OK, c'est beau... j'ai rien dit.

Et je remis mes écouteurs en place, me disant que j'aurais dû la fermer au lieu d'essayer d'être gentille. Ouf ! Quel début !

La journée se passa à peu près sans anicroche. Rien à signaler, mon capitaine. Rien de spécial, ni de bon, ni de mauvais. Un peu-beaucoup perdue dans cette immense école, je me suis ramassée au mauvais local deux fois, mais je n'étais pas en retard, alors pas de problème. Aucun problème apparent, du moins. Je pense que j'ai réussi mon petit numéro de fille en contrôle, mais en dedans, dans mes tripes, c'était autre chose. Ah ! l'orgueil, ça pousse une fille, n'est-ce pas ? J'ai mangé seule, ce que je déteste mais qui était quand même prévisible.

Au dessert, je sentis, à ma grande horreur et à mon grand désespoir, une boule se loger douloureusement dans ma gorge. Ah non ! je n'allais quand même pas me mettre à pleurer comme un bébé ! Mais le coup de cafard frappa. Je ne voulais pas être là. Je voulais mon ancienne vie, dans mon ancienne école, avec mes anciens amis. Là, tout de suite. Je voulais Stefany, mon amie de toujours, je voulais Justin, même si je savais qu'il m'avait probablement déjà oubliée, je voulais tout ravoir exactement comme avant. Je me levai précipitamment avant le déluge et sortis prendre l'air. Dehors, il restait encore assez de chaleur d'été pour me faire du bien. Je respirai avidement ce bon air espérant avaler un peu de calme en même temps…

Peut-être est-ce la couleur du ciel ou encore la voix de Nadia me disant « Une semaine, Saja, donne-toi une semaine » qui me réconforta, toujours est-il que je me calmai avant même de verser ma première larme. « Saja : 1, l'école : 0 », me dis-je. Et je pouffai. Un petit rire niaiseux, nerveux sans doute, mais un rire quand même. Cela me fit du bien. Je respirai profondément. Je l'apprivoiserais, cette école, tout doucement, mais j'y arriverais… Je repensai à ma réflexion sur les extraterrestres et me dis que cette école ressemblait bien, en fait, à mon ancienne. En mille fois plus grand et avec dix mille fois plus de monde, mais ce n'était, après tout, qu'une école. Je fis de mon mieux pour rester de bonne humeur et me donner du courage. Je savais bien que ce dont j'avais surtout besoin, c'était du temps…

Une autre journée passa, avec comme seul compagnon dans l'autobus un amateur de rap qui, trop absorbé par la musique que ses écouteurs crachaient à un volume presque ridicule, ne me jeta pas le moindre regard. Je ne me trompai qu'une seule fois de local, je dînai seule encore, avalant un spaghetti insipide mais sans boule dans la gorge cette fois, et retournai chez moi sans encombre.

Quand arriva le troisième jour, j'étais déjà plus à l'aise, mais il me tardait de rencontrer quelqu'un d'intéressant. J'avais bien sûr fait la connaissance de plusieurs personnes, mais aucune avec qui ça avait particulièrement cliqué. Et là, enfin, je rencontrai Mélodie. C'est arrivé le midi alors que j'avais presque décidé, en dernier recours, de me joindre à quelques filles avec qui j'avais brièvement parlé durant mon cours de français. Elles étaient bien gentilles, mais ne semblaient pas s'intéresser spécialement à moi.

Mélodie faisait la queue devant moi à la cafétéria et soupirait d'impatience. Je la reconnaissais vaguement ; elle était dans quelques-uns de mes cours. Jolie. Pétillante. De petites mèches roses dans ses cheveux blonds. Elle se retourna et m'adressa la parole :

— Si on est chanceuses, on pourra avoir notre repas à temps pour souper ! Salut, moi, c'est

Mélodie. T'es nouvelle, ici, hein ? T'allais à quelle école, avant ?

Nous avons bavardé en attendant notre repas. Puis, elle m'a invitée à manger avec elle et ses amis. Quel bonheur ! Première lueur d'espoir dans la noirceur de cette nouvelle vie... Cet après-midi-là, je ne me perdis pas une seule fois. Et je passai le reste de la journée avec un grand, un très grand sourire sur le visage.

Chapitre 2

Mélodie

Je pus me rendre compte assez vite que Mélodie respirait la joie de vivre; elle était toujours radieuse. C'est avec une joie non contenue que je l'ai retrouvée, le lendemain, dans mon cours de français. Tout portait à croire que nous pourrions devenir de bonnes amies. Elle était réellement sympathique et drôle: tant ses petites grimaces ironiques dans le dos du professeur de français, qui roulait ses «r» de façon exagérée, que son regard exaspéré quand quelqu'un posait une question idiote, me faisaient immanquablement pouffer de rire.

Elle décida d'être mon guide, mon ange gardien. Je dînai encore avec elle et ses amis et elle entreprit de me faire faire la grande tournée de l'école. Elle avait bien remarqué mon petit air désemparé aux changements de classe. Nous avons vite découvert que nous aimons les mêmes choses: musique, passe-temps, sports, émissions de télé, romans, tout! J'avais peine à croire à ma chance. Et en plus, Mélodie habitait assez près de chez moi, ce qui était en soi une forme de miracle. Sur plus de deux mille élèves, elle aurait très bien pu vivre à l'autre bout du monde! Je devins vite convaincue que Mélodie, avec son prénom tout en notes de musique, devait faire partie de mon destin...

En effet, la musique est, pour moi, bien plus qu'un loisir, bien plus que des chansons à la mode, bien plus que tout. C'est ma passion. Je chante depuis que je suis sortie du ventre de ma mère — c'est du moins ce qu'affirme celle qui m'a mise au monde —, je chante partout, toujours, parfois dans ma tête, en silence, parfois à tue-tête dans ma chambre. Il est clair que c'est en chantant que je gagnerai ma vie, et je la gagnerai très bien, puisque je serai, un jour, une chanteuse mondialement connue, adulée de millions de personnes. Mon *band* sera le meilleur, le plus déterminant de mon époque, une légende! Voilà, je m'emballe encore, comme chaque fois qu'il est question de musique et de chanter. Mais ce rêve est si puissant; il fait partie intégrante de chaque fibre de mon être. Une certitude.

C'est d'ailleurs le lendemain de notre rencontre que j'ai confié ce rêve à Mélodie. Je m'entendais si bien avec elle que je voulais voir tout de suite quelle serait sa réaction. Si elle me trouvait ridicule, prétentieuse, ou semblait prendre cette passion à la légère, peut-être, après tout, n'étions-nous pas faites pour nous entendre aussi bien que je le croyais. Il me semblait important qu'elle le sache, dès le début... C'était une façon, pour moi, de voir si je pouvais la considérer comme une « vraie » amie, une éventuelle *best.*

La seule autre à qui j'en ai déjà parlé, c'est Stefany, autrefois. Mais Stefany n'était plus là, elle ne répondait plus à mes messages, ne retournait aucun de mes appels, ne donnait plus signe de vie… comme si elle avait disparu de la surface de la Terre durant l'été, depuis le jour où elle a su que je déménageais.

J'avais tout essayé pour lui faire comprendre qu'on pourrait rester amies, mais elle m'en voulait… Comme si c'était ma faute ! Comme si j'avais voulu déménager à plus de deux cents kilomètres et quitter tous mes amis, et quitter Justin ! J'avais mal à cause de cette « rupture ». Stefany et moi étions amies depuis toujours : nous nous étions connues avant même d'aller à l'école, puisque nous fréquentions la même garderie. Nous avions fait tant de choses ensemble, partagé tant de joies, de peines, de rêves ! J'ai passé avec elle toutes mes années du primaire. J'étais là quand elle a eu la varicelle, et elle, quand je me suis cassé la jambe en ski. C'est moi la première à qui elle avait confié vouloir un jour devenir vétérinaire, et c'est avec elle que j'avais projeté faire un voyage en Europe.

Nous avons campé ensemble, gardé des enfants ensemble, tant parlé ensemble... Tout ça était maintenant terminé et par sa faute. J'étais convaincue que nous aurions pu continuer à nous voir, passer des fins de semaine ensemble. Mais elle en avait décidé autrement. J'étais blessée, fâchée. Je n'arrivais pas à comprendre son attitude, encore moins à l'accepter. Surtout quand j'avais su qu'à peine deux semaines après mon départ, Justin m'avait déjà remplacée, j'aurais bien aimé avoir Stefany à mes côtés, ou même au téléphone, pour me consoler. Croyait-elle que tout ça me faisait plaisir ?

J'avais tout essayé, et je ne pouvais plus faire grand-chose. Mélodie était donc arrivée dans ma vie comme une bouée de sauvetage. Tout à coup, l'avenir me semblait moins morose. Elle avait toujours le mot pour me faire rire, me faisait connaître un tas d'autres élèves et tout ce qu'il y avait d'intéressant dans notre voisinage. Nous avions même décidé d'étudier ensemble, certains soirs, ce qui est nettement moins pénible que toute seule !

Au fil des jours, Mélodie et moi échangions davantage de réflexions sur toutes sortes de choses. Sa réaction devant mon rêve avait été extraordinaire : « Tu chantes ? Pour de vrai !!! Ah ! si tu savais comme je t'envie ! J'ai déjà voulu chanter *Frère Jacques* à mon petit frère, mais je fausse tellement qu'il s'est mis à pleurer! Alors, t'imagines... J'aimerais TELLEMENT t'entendre chanter!!!» J'avais plus souvent entendu des commentaires du genre «bin oui, moi aussi, je chante!» accompagnés d'un regard moqueur; ou alors, la plupart des filles pensaient que je voulais juste me rendre intéressante. J'étais donc réticente à en parler, du moins, ici, dans cette nouvelle école. Quand je lui ai dit que j'aimerais bien, moi, être aussi bolée qu'elle en math, elle m'a répondu: «C'est bien la première fois que quelqu'un me dit ça sans sous-entendre que je suis un peu bizarre... ou sans me demander des réponses d'examen!» et je sus alors que je pouvais être tout à fait moi-même avec elle. Et c'est exactement ce que je voulais, ce que nous voulions toutes les deux!

Au fil des jours et des semaines, Mélodie me dressait le portrait de quelques-unes des principales cliques de l'école: ceux et celles qu'il valait mieux éviter, avec en tête de liste le trio à jupettes, ceux et celles qu'il était bon d'avoir de notre côté — certaines filles bien placées au journal de l'école, entre autres — et enfin tous les autres comme les sportifs excessifs, les intellos et les exclus comme Julianne dont on ne savait trop que penser.

À propos d'elle, Mélodie était perplexe. Elle

m'avait expliqué que Julianne était arrivée à l'école au début de l'année précédente. Une petite nouvelle, comme moi. Elle était alors une tout autre fille, appartenant même, à cette époque, à la clique des jupettes. Mélo ne la connaissait pas beaucoup, car elle est plus vieille que nous, mais elle avait entendu dire qu'elle avait un autre point en commun avec moi : elle chantait. Et, paraissait-il, très bien. Mélo croyait même qu'elle avait chanté, du moins quelque temps, avec ZigZog, le *band* de Sébastien Beaudry. Ce Sébastien qui, selon Mélo, n'avait presque rien d'humain tant il était beau, talentueux, sexy et tout le reste. Ses yeux brillaient et elle avait les pommettes rouges en m'en parlant. Je compris plus tard pourquoi et lui donnai raison.

Mélo me raconta aussi qu'au moment où l'année scolaire se terminait, Julianne avait changé du tout au tout. Du jour au lendemain. Elle l'avait croisée au tout début des vacances et c'était déjà une autre fille. Personne ne semblait savoir ce qui s'était passé pour provoquer ce changement, et ce mystère me fascina au plus haut point. Certaines rumeurs circulaient à propos d'un petit ami qui lui aurait fait du mal, mais sans plus de détails. Je me disais que si c'était le cas, le petit ami en question était vraiment un salaud… ou alors cette Julianne était vraiment fragile !

Mélodie semblait mieux renseignée sur les jupettes, même si son attitude face à elles était pour le moins hargneuse. Je fus étonnée du ton presque méchant qu'elle employa pour me les décrire. C'était tout à fait contraire à sa nature gentille et généreuse :

— Alissia, Annie-Jade et Alex, le trio d'enfer. Je les appelle les AAA à cause de leur prénom, mais aussi et surtout pour *Aguicheuses Aucunement Anonymes.* Je n'ai jamais eu la chance d'ajouter de J quelque part pour Julianne, mais comme elle avait l'air un peu moins pire que les trois autres, je lui donnais le bénéfice du doute... Si tu savais combien elles m'énervent, ces trois-là, depuis le début du secondaire !!! Tiens-toi loin d'elles, Saja, ça vaut mieux. Alex, surtout. Si par malheur t'es intéressée par quelqu'un, un gars, je veux dire, fais tout ce qu'il faut pour éviter qu'elles l'apprennent ! Elles ont beau en être à leur dernière année de secondaire, elles n'hésiteraient pas à tout faire pour te le piquer en se rendant plus... plus, disons, « intéressantes », si tu vois ce que je veux dire. Même si elles n'ont aucun intérêt envers le gars. Ça les amuse, je pense. Elles se croient tellement *hot* et sexy ! On dirait que leur seule préoccupation, c'est de mener le plus grand nombre de gars par le bout du nez ou plutôt par le bout d'un autre organe... Je serais pas étonnée que la moitié des gars de l'école y aient gouté, à ces trois-là. Et j'exagère si peu…

Je décidai d'éviter de les juger, me disant que Mélo avait sans doute eu une ou plusieurs mauvaises expériences avec les fameuses AAA ; j'étais certaine que le portrait presque caricatural qu'elle m'en faisait était exagéré, mais je garderais toutefois mes distances, ce qui ne serait pas trop difficile. Je ne les voyais que le matin et le soir, dans l'autobus, et elles ne semblaient pas me manifester le moindre intérêt. C'était donc parfait. Je continuai de me « tremper » dans ma nouvelle vie du mieux que je le pouvais. Le cours de musique était évidemment mon préféré, mais grâce à Mélo, je réussis même à apprécier les cours de chimie et de math ce qui n'est pas peu dire… J'appréciais de plus en plus ce nouvel environnement, cette école, les profs et tout le reste, et j'y voyais de plus en plus de potentiel. Bref, je m'intégrais aussi doucement que je l'avais espéré et je m'amusais.

J'ai même eu le choc de rencontrer ou plutôt de voir, à une certaine distance, le fameux Sébastien Beaudry, le demi-dieu en personne. Je marchais avec Mélodie vers nos autobus respectifs lorsqu'elle s'arrêta net, me prit le bras et me dit :

— Essaie de continuer à respirer normalement.

— Quoi ? Qu'est-ce qui se passe ?

Et là, je l'ai vu. Il était là, dans le stationnement, les fesses appuyées nonchalamment sur une voiture, les mains dans les poches, les jambes croisées. Apparemment, il venait chercher l'une ou l'autre des jupettes. J'ai presque trébuché dans mes lacets. Un rêve. J'ai tout enregistré et tout semblait se passer lentement, comme dans un film au ralenti. La brise qui soulevait ses longues mèches blondes. La carrure de ses épaules. Son t-shirt blanc qui faisait si bien ressortir ses bras un peu musclés et bien bronzés. Ses lunettes fumées qui lui donnaient l'air d'une rock star, comme dans les magazines. Était-il possible qu'un tel spécimen de la race masculine soit si *beau* ? De toute évidence, puisqu'il se tenait là, bien vivant. Mais, en bonne petite fille bien lucide, je retombai bien vite sur Terre et me dis que ce genre de gars là ne remarquerait jamais ma présence, même si nous étions seuls sur une île déserte. Hmmmm ! Une île déserte avec lui..., ça donnait lieu à des scénarios bien intéressants...

Une des jupettes se précipita dans ses bras, interrompant du coup ma rêverie insensée.

— Ah bon ! C'est elle cette semaine, dit Mélodie.

— Quoi ? Qu'est-ce que tu veux dire ?

— Oh rien ! C'est pas important. Allez, viens, on va manquer notre autobus !

Eh oui ! La Terre appelle Saja. Je tentai de me

débarrasser de cette image d'île déserte et de beau blond et j'y parvins..., mais seulement plusieurs jours plus tard. Et les choses se passèrent assez bien pour un certain temps.

Mais un jour tout se bouscula.

Chapitre 3

L'annonce

C'était après la deuxième période de cours, et les concepts de démocratie dans les pays industrialisés, d'économie nationale et de processus d'élections m'avaient assommée. Je me dirigeais lentement vers mon casier en tentant de digérer toutes ces notions encore obscures quand Mélodie arriva en courant, me prit par la main et m'entraîna, me propulsa presque, jusqu'au grand babillard à côté du local du journal de l'école. Avant que je puisse même lui demander ce qui se passait, elle me planta le nez devant une annonce imprimée sur papier bleu fluo, épinglée en plein centre. En grosses lettres noires, on pouvait y lire :

«Chanteuse avec expérience recherchée, band sérieux, 2 pratiques par semaine. Spectacles prévus. Doit aussi pouvoir chanter des harmonies et être disponible le soir. Sébastien, 450-222-0598.» Suivait une liste de chansons, toutes plus excitantes les unes que les autres.

Ma gorge se serra. Mes paumes devinrent moites. Dans mes oreilles, un bourdonnement accompagnait des coups de tambour assourdissants. J'avais du mal à avaler ma salive. Du coton dans la bouche. Est-ce que c'était l'occasion rêvée? Était-il possible que cette annonce me permette de m'approcher de mon rêve? J'avais bien déjà chanté avec quelques groupes avant, mais nous étions tous très jeunes, le talent n'était pas toujours des plus convaincants... Pour me calmer, je me dis qu'il devait s'agir, encore une fois, de la même chose: un petit *band* de garage qui n'arrive pas à jouer une chanson au complet sans s'enfarger dans ses propres fausses notes...

De peine et de misère, quand même, je réussis à articuler quelques mots:

— Ouais, j'sais pas... peut-être.

Mélodie me fit pivoter brusquement et me força à la regarder droit dans les yeux.

— As-tu au moins réalisé de quel Sébastien il s'agit? Sébastien Beaudry. LE seul et unique... C'est *sûr* que c'est lui.

Et là j'arrêtai carrément de respirer. OK, j'avais beau n'être qu'une «petite nouvelle», je savais TRÈS bien qui était Sébastien Beaudry. Comment oublier cette créature de rêve, ce phénomène de la nature? Celui qui n'avait presque rien d'humain? Celui qui m'avait fait arrêter de respirer avant de me faire presque hyperventiler? Curieusement, je n'avais pas envisagé qu'il pouvait s'agir de lui. Comme je peux être lente, des fois! Mélo me ramena, une fois de plus, à la réalité :

— C'est lui. Sébastien Beaudry, a-t-elle répété, comme si je ne l'avais pas entendue.

Je savais très bien qu'il avait un *band* et qu'il était guitariste, mais elle ne m'avait pas dit qu'ils cherchaient une chanteuse. Ce groupe-là était apparemment du solide. Elle m'avait raconté qu'ils jouaient ensemble depuis plus de deux ans. *Deux ans !*

Ce jour-là, pendant que je me battais avec mon cœur pour qu'il reprenne un rythme plus ou moins normal, Mélo se rappela avoir entendu dire qu'ils avaient fait une pause durant l'été, supposément parce qu'ils n'avaient pas de chanteuse. On disait même qu'ils travaillaient maintenant sur leurs propres compositions en attendant, et qu'un agent était intéressé par eux si toutefois ils arrivaient à trouver la personne qu'il leur fallait pour compléter le groupe. J'avais déjà entendu de telles histoires et je savais très bien que les VRAIS *bands* sérieux étaient rares... Je faillis répliquer que « l'agent » en question devait n'être que l'oncle de l'un des gars qui n'y connaissait probablement strictement rien en musique, mais cette fois, je choisis de me taire.

Mélo continua à me dire ce qu'elle savait d'eux. À dix-sept ans, Sébas était le plus jeune du *band*. Elle prétendait que le batteur était au cégep ; il devait donc avoir au moins dix-sept ans, lui aussi. Quant au bassiste, il était le plus vieux et, à sa connaissance, il travaillait déjà à temps plein en informatique. Mais tout ce verbiage de Mélo n'avait aucune importance. Mon cerveau avait bloqué sur l'image de Sébastien, et il ne m'en fallait pas davantage pour me garder dans un état de fébrilité presque extrême. Mélodie avait déjà vu un spectacle du *band* avec une autre chanteuse et, selon elle, Sébastien jouait comme un dieu ; elle n'avait absolument pas besoin de spécifier qu'il en avait aussi l'air, puisque j'avais très bien pu m'en rendre compte.

Il y avait aussi, bien sûr, une des jupettes dans le décor, même si je ne savais pas précisément laquelle. D'après ce que m'avait dit Mélo, les relations amoureuses des trois filles étaient plutôt instables. Mélo m'avait également prévenue que le beau Sébastien était aussi tête enflée que talentueux. Selon elle, il savait que toutes les filles étaient pâmées sur lui et il en profitait. Je me disais que « toutes les filles » n'était sûrement pas exagéré. Il aurait fallu être aveugle, lesbienne, carrément stupide ou tout ça ensemble pour ne pas s'extasier ! Ah ! mais je m'arrêtais à des considérations inutiles. Il n'était pas question de devenir sa copine, du moins, pas pour l'instant. Par contre, je voulais beaucoup être sa nouvelle chanteuse.

— Mélodie, ils vont me trouver trop jeune. Ils veulent sans doute quelqu'un de plus vieux…

— Écoute, t'as presque seize ans, t'en fais au moins dix-sept… et puis ce qui compte, c'est ta voix, non ? Tiens, je me souviens qu'ils ont passé des auditions au début de l'été. J'imagine qu'ils n'ont pas encore trouvé celle qu'il leur fallait. Peut-être qu'aucune de leurs chanteuses précédentes n'avait ton talent, après tout. Peut-être que c'est toi qu'ils cherchent… De toute façon, qu'est-ce que t'as à perdre d'essayer ?

Je réfléchis, du moins aussi intelligemment que mon état me le permettait. Enfin, un vrai *band*. Au fond, c'était bien vrai, je n'avais rien à perdre, rien du tout. Je pris une profonde inspiration. J'attendis encore quelques instants. Puis, je notai le numéro dans mon agenda, dessinai plein de feux d'artifice, de points d'interrogation, de Sébastien aux cheveux dorés tout autour, et passai le reste de la journée la tête complètement dans les nuages et le cœur affolé. Le processus d'élection et le concept de démocratie dans les pays industrialisés venaient d'être relégués très, très loin au fond de ma conscience.

* * *

Je ne sais toujours pas comment j'ai fait, mais j'ai réussi, ce soir-là, à parler à Sébastien Beaudry sans bégayer, sans me rendre totalement ridicule ou devenir complètement hystérique. Vive le téléphone ! Il est bien certain que je n'aurais jamais pu m'en tirer aussi bien en personne…

Il m'a d'abord demandé si j'avais de l'expérience, si j'avais déjà fait des spectacles. Je n'ai pas menti, mais disons que j'ai un peu exagéré la vérité. Ma jeune et courte carrière de chanteuse avait vu le jour dans une autre ville, une autre vie, je ne courais donc pratiquement aucun risque qu'il fasse une « enquête » en règle. Je savais que je pouvais faire ce qu'ils attendaient de moi, que je pouvais chanter mieux que beaucoup d'autres, que la scène ne me faisait pas peur, loin de là. Je m'y sentais comme un poisson dans l'eau. Mais ce que je savais plus que tout était que le style de musique qu'ils interprétaient me plaisait ÉNORMÉMENT et que je saurais le rendre mieux que quiconque. Candidement, avec l'air de quelqu'un qui ne connaît pas la réponse, je lui demandai :

— Et est-ce que vous faites des compositions, aussi ?

— Justement, oui. Mais si tu peux chanter la liste que je te donne, tu pourras aussi chanter nos chansons. Pas de problème. On va y consacrer pas mal de temps, mais on voudrait bien donner un spectacle ou deux d'ici l'été et pour ça, on a besoin d'un répertoire. Ça t'intéresse ?

Il me demanda ensuite de combien de temps je pensais avoir besoin pour apprendre trois chansons. Quand il m'a donné une liste de cinq chansons parmi lesquelles je pouvais choisir, je lui répondis immédiatement :

— J'en connais déjà trois suffisamment pour les chanter tout de suite. Les deux autres, je peux les savoir pour demain...

— Super ! OK, demain soir, ça t'irait ?

Aussi facile que ça. J'espérais ne pas avoir eu l'air *trop* pressée, justement, mais je ne pouvais plus reculer. J'avais donc rendez-vous pour l'audition dès le lendemain. Après avoir vérifié l'adresse, je fus soulagée de constater que je pourrais facilement m'y rendre en vélo, si ma mère ne pouvait me conduire. Je pourrais pratiquer les chansons dans ma tête en pédalant. Pas de mal à être trop préparée !

Cependant, je me demandais bien comment j'allais survivre jusqu'au lendemain soir... À partir de l'instant où je devrais chanter ma première note, tout irait bien. Mais tout ce qui venait avant allait être absolument insupportable ! L'attente. L'angoisse. Le stress. Je me consolai en me disant que si j'avais dû attendre une semaine, ça aurait été cent, mille fois pire ! J'aurais eu tout ce temps pour agoniser sur le choix des vêtements que j'allais porter, sur la façon dont je me coifferais, comment j'allais tenir le micro et un tas d'autres choses. Au moins, je n'aurais à subir qu'une seule nuit d'insomnie…

Je n'attendis pas une seconde de plus pour tout raconter à Mélo. J'entendais dans sa voix et dans le crépitement intermittent du téléphone qu'elle était dans le même état que moi. Je lui demandai si elle pouvait venir à l'audition, mais après quelques instants de réflexion, elle refusa, me confiant qu'elle avait peur de tout gâcher. En y pensant bien, je dus avouer que c'était mieux ainsi. J'aurais aimé avoir une alliée, un soutien moral, mais Mélo peut être assez exubérante. De plus, comme elle était allée à la même école que Sébastien jusqu'à l'année dernière, il savait quel âge elle avait, alors que moi, j'étais encore relativement inconnue. S'il la voyait avec moi, il saurait... Mais ce que Mélo craignait le plus était de dire une stupidité au mauvais moment, d'être incapable de s'empêcher de dévorer Sébastien des yeux ou encore de trébucher sur un fil ou un pied de micro et s'écraser dans la batterie. Elle exagérait, mais son humour me fit du bien et me calma quelque peu. Tout de même, il valait mieux que j'y aille toute seule, comme une grande fille. Il serait bien temps de l'emmener par la suite, quand je serais officiellement devenue la nouvelle chanteuse de ZigZog!

Chapitre 4

L'audition

Au retour de l'école, le lendemain, je dus me changer au moins vingt fois. Qu'est-ce que j'allais porter ? Il me fallait quelque chose de simple mais qui me fasse paraître plus vieille. Comme j'avais un peu de temps devant moi, j'appelai Mélo à la rescousse. Elle me fit essayer à nouveau tous mes vêtements, dans des combinaisons parfois intéressantes, parfois douteuses... Je finis par choisir un jean avec une blouse ouverte sur une camisole bleue mettant en valeur la couleur de mes yeux. Mélo me conseilla sur mon maquillage et m'aida à lisser mes cheveux en une longue crinière soyeuse. Au dernier moment, elle regarda mon sac, haussa les sourcils et me regarda d'un air moqueur. Ah ! J'allais oublier d'enlever toutes les petites souris épinglées ! L'art d'avoir l'air bébé au mauvais moment !!!

Pour le souper, ma mère m'offrit une assiette de pâtes, mais j'avais l'estomac à l'envers. Je mangerais plus tard si j'en avais vraiment envie, ce qui n'était nettement pas le cas pour le moment ! Puis, l'heure de partir arriva. Mélo me regarda d'un air solennel, plaça ses mains sur mes épaules, déposa un baiser sonore sur chacune de mes joues et me regarda dans les yeux :

— Tu sais que ça va bien se passer, n'est-ce pas ?

— Je sais que je peux y arriver, oui. Mais souhaite-moi bonne chance quand même...

Elle me serra dans ses bras beaucoup trop fort, à me couper le souffle, et me fit son plus beau, son plus grand, son plus chaleureux sourire. Je m'emplis de cette énergie, enfourchai mon vélo et pédalai en direction de mon destin. Enfin, en direction de la maison des parents de Sébastien, là où le *band* se réunissait. Pour le destin, on verrait bien...

En entrant dans le sous-sol aménagé en local de répétition, je vis quatre musiciens et conclus qu'ils étaient tous là. Tous, et les trois satanées jupettes en prime !!! Qu'est-ce qu'elles faisaient là, celles-là ? Elles devaient jouer le rôle des groupies. J'espérais, du moins, qu'elles n'étaient pas là pour auditionner, elles aussi ! À mon grand soulagement, elles sortirent de la pièce, un sourire moqueur aux lèvres, lançant des clins d'œil à Sébastien et à deux autres des musiciens que je ne connaissais pas encore.

Sébastien... Il était encore plus beau de près que de loin. Ses longues mèches blondes lui chatouillaient les épaules, et ses yeux, d'un bleu perçant, semblaient constamment sourire. Il portait un jean ample et délavé et une camisole. Sa peau dorée était couleur de caramel et je me demandai, idiotement, si elle en avait aussi le goût. Il me sembla qu'il pourrait facilement être une vedette de la télé ou du cinéma. Il en avait aussi l'assurance... Dieu qu'il était beau! Je me secouai un peu, question de ne pas avoir l'air muette et stupide et je revis, dans ma petite tête nerveuse, le sourire narquois des jupettes. Un grand panneau lumineux s'alluma dans mon esprit sur lequel était écrit: « Danger! ». Cette image me fit sourire et je pus, sans trembler, saisir la main que Sébastien me tendait. Il valait mieux, si je tenais à mon humble mais bien agréable vie, me tenir tranquille et, surtout, très loin de Sébastien pour éviter les problèmes. Tant mieux s'il devenait mon guitariste, ce serait bien assez près comme ça!

Sébastien me présenta d'abord Yannick, le bassiste, que je trouvai tout de suite très intimidant. C'était à lui qu'étaient destinés les clins d'œil langoureux de la seconde jupette. Il semblait avoir à peu près vingt ans et était très grand et costaud. Assez séduisant, il me paraissait toutefois sombre, et pas seulement à cause de la couleur de ses cheveux et de la repousse de sa barbe forte. Il avait l'air sérieux, blasé, l'air de dire « ne me fais pas perdre mon temps! ». J'espérais bien me tromper.

Hmm! Encourageant! Je me sentis aussitôt insignifiante et jeune, terriblement jeune.

Vint ensuite Frédérick, le batteur. Je ne lui trouvai rien de frappant physiquement. Il était beau garçon, simplement, mais lorsqu'un sourire lui étira les lèvres, un sourire franc et vraiment sympathique, je me sentis, du coup, beaucoup mieux. Il me souhaita la bienvenue et s'installa sur son tabouret. Puis finalement, je rencontrai Jérôme, l'autre chanteur qui jouait aussi du clavier. Je ne savais pas du tout que penser à son sujet. Le seul mot qui me vint à l'esprit fut « hermétique ». Comme un plat Tupperware. Rien ne s'en échappe. Un petit sourire froid. Pas d'émotion. Un petit salut du bout des doigts. Rien d'autre. De tout le temps où j'ai été parmi eux, pas un mot. Il se contentait de me regarder, sans rien démontrer.

Peut-être était-ce pour compenser, mais Sébastien, lui, se montrait d'une gentillesse insoupçonnée. Il était peut-être même un peu trop gentil... Je compris rapidement que, même s'il était le plus jeune, c'était bien lui, le leader de ce *band,* que c'était lui qui, au bout du compte, prenait les décisions. Il m'expliqua rapidement comment nous allions procéder, déposa mon sac dans un coin et confirma avec moi quelles chansons ils joueraient pour l'audition. Malgré ses égards, il me regardait avec un petit air sûr de lui, un sourire en coin que j'avais déjà vu plusieurs fois et qui en disait long: il était certain que je n'avais pas réellement de talent ou, si peu que je n'étais venue ici, en réalité, que pour le voir de près et espérer me faire remarquer.

Cette pensée me donna tout le courage dont j'avais besoin pour justement lui prouver le contraire. Je refusai donc poliment la bière qu'on m'offrait et me dirigeai d'un pas assuré vers le micro, l'air plus sûr de moi que je l'étais en réalité. Sans perdre davantage de temps en jasette, je suggérai de jouer tout de suite la première pièce. Quand vint enfin l'instant béni où je dus chanter ma première note, je fus soulagée d'entendre ma voix, forte, juste, précise. Sans pourtant les voir — j'avais les yeux fermés, j'étais enfermée dans ma bulle —, je pouvais sentir les regards des musiciens qui se tournaient l'un vers l'autre, deviner leur étonnement, et j'en avais des frissons de plaisir. *Yessss!* En ouvrant les yeux, j'eus la confirmation que je venais de les impressionner. Même Yannick, que j'avais déjà baptisé le Prince des ténèbres, avait un sourire aux lèvres! À compter de cet instant, le reste n'avait plus d'importance. Même si je n'étais pas choisie pour faire partie du groupe, je vibrerais de ce petit moment de gloire pendant des semaines!

Les deux autres chansons choisies connurent le

même succès. Malgré l'état second dans lequel je me trouvais — chanter m'isole toujours du reste du monde et j'adore ça! —, je vis les jupettes revenir au local et l'étonnement se dessiner sur leur visage. Je crois sincèrement que cela me fit encore plus plaisir que d'avoir impressionné les musiciens. Ces filles m'intimidaient bien malgré moi. Si elles aimaient ma voix, peut-être arriverais-je à me faire respecter d'elles et de bien d'autres. Peut-être même avaient-elles une certaine influence sur Sébastien? Je n'avais certainement pas besoin de leur approbation ni même de leur amitié, mais un petit regain de confiance en soi n'a jamais fait de mal à personne!

À la fin de la troisième pièce, il était clair que les musiciens essayaient, tant bien que mal, de retenir leur enthousiasme. Mais Sébastien intervint:

— T'as une très bonne voix. Ça ressemble pas mal à ce que nous cherchons. Mais nous avons une autre audition à passer ce soir, alors je te donnerai des nouvelles dès qu'on sera décidés.

C'était tout. Le moment était passé. En ramassant mon sac, je vis tout de même Frédérick, le batteur, qui m'adressa un magnifique sourire, les deux pouces dressés pour illustrer son impression sur ma performance. J'en fus flattée et encouragée. Je sortis de la pièce en saluant tout le monde le plus nonchalamment possible, ce qui fut extrêmement difficile. Je flottais sur un nuage, l'adrénaline courait dans mes veines. Survoltée. J'étais certaine que les musiciens pouvaient entendre les battements de mon cœur et je priais pour ne pas trébucher sur quelque chose.

Les jupettes sortirent de la maison en même temps que moi pour partager une cigarette. L'une d'elles me dit :

— Wow ! Tu chantes bien. C'est quoi déjà, ton nom ?

— Sarah-Jeanne.

Je la trouvai gentille… Peut-être n'étaient-elles pas aussi redoutables que ça, finalement, les jupettes. Je retournai chez moi en pédalant vite, le sourire aux lèvres, le sourire au cœur et en chantant, bien sûr. Mes nouvelles ailes propulsaient mon vélo, me faisant atteindre une vitesse vertigineuse, exaltante.

Je revivais chaque instant comme en boucle dans ma tête et j'avais tellement hâte de tout raconter à Mélodie que je ne vis même pas qu'elle était déjà chez moi, faisant les cent pas devant la maison. En voyant mon sourire, elle comprit tout de suite que ça s'était bien passé et elle voulut entendre de ma bouche TOUS les détails, et à plusieurs reprises ! Ma mère et Michel voulurent aussi tout entendre, mais je leur promis de le leur raconter plus tard. J'avais besoin d'être avec Mélo.

Je m'empressai de lui faire le compte-rendu de l'audition le plus fidèlement possible. J'essayai de lui décrire les musiciens, l'ambiance, le sourire des filles à jupettes. Elle rit de mon « Prince des ténèbres », s'inquiéta de la présence des jupettes et s'intéressa à l'encouragement de Frédérick et surtout à la camisole de Sébastien et à CHACUN des mots qu'il m'avait dits, intonation à l'appui. Elle me fit répéter les conversations plusieurs fois, m'interrogeant sur un détail ou un autre par-ci, les chaussures de Sébastien par-là.

— Ses souliers ? Qu'est-ce que ses souliers ont à voir avec tout ça ?

— Rien, je suis juste curieuse. Je veux me faire une image dans ma tête, et il me manque les souliers...

Nous avons éclaté d'un grand fou rire par lequel s'échappa un gros nuage de tension. Comme Mélodie me faisait du bien ! Cette fille était vraiment une amie précieuse... Elle déclara qu'elle était certaine que Sébastien téléphonerait bientôt — pourquoi pas ce soir, même ! — pour m'annoncer une TRÈS bonne nouvelle, puis qu'il tomberait éperdument amoureux de moi, que nous deviendrions célèbres et que nous délogerions Céline Dion des palmarès du monde entier. J'essayai de m'imaginer ressemblant à Céline Dion et notre fou rire reprit de plus belle. Mais, malgré le peu de sérieux que j'accordais à ce scénario fou, je devais bien avouer que c'était un beau rêve. Oui, un bien beau rêve…

* * *

Le lendemain matin, dès mon arrivée à l'arrêt d'autobus, je fus littéralement happée par les jupettes. Elles bourdonnaient autour de moi comme une nuée de petits insectes agaçants, parlant toutes en même temps :

— Sébastien va t'appeler !

— Je pense que tu les as impressionnés… ils doivent même te trouver de leur goût…

— Ils t'ont trouvée super bonne ! Meilleure que les trois autres qu'ils ont auditionnées, en tout cas !

— On leur a pas dit que t'étais plus jeune que nous… tu nous en dois une !

Elles me donnaient mal à la tête, mais je dois dire qu'elles ont vite dissipé les dernières brumes matinales qui flottaient dans ma tête. Whoaaa ! Et si tout ça était vrai ? Si j'étais la nouvelle chanteuse de ZigZog ? J'imaginais que certaines choses changeraient, que je serais haussée d'un seul coup au *top* des filles cool de l'école… que mon horaire deviendrait plus chargé et que Mélodie serait aussi excitée que moi. Mais je n'avais pas anticipé la suite.

Quand l'autobus arriva, les trois jupettes m'entourèrent d'un seul bloc, faisant comme un rempart entre moi et les autres. De toute évidence, elles avaient décrété que je faisais désormais partie de leur groupe. Alissia monta, suivie d'Alex qui me tirait par la manche pour m'attirer à sa suite, Annie-Jade fermant le cercle derrière moi. Elles dégagèrent une fille de son siège pour m'y faire asseoir, bien au centre de leur « section ». Je n'eus que le temps d'apercevoir les yeux remplis d'éclairs et de déception de Julianne. Pourtant, depuis le premier matin, elle ne m'avait toujours pas adressé la parole. Je me demandai ce qui pouvait bien la déranger à ce point.

En arrivant à l'école, je descendis de l'autobus parmi la meute, bien entourée du trio à longues jambes. Avant qu'elles ne s'éparpillent, Alissia me fit le salut ultime, une petite claque sur la fesse, celui-là même qu'elles se faisaient entre elles. Je sursautai, ne m'attendant nullement à ça, et regardai autour de moi, légèrement embarrassée.

Mélodie avait tout vu. Elle me regarda d'un drôle d'air.

— C'était quoi, ça? Fais attention, Saja… si tu deviens la nouvelle chanteuse du groupe de Sébas, elles ne te lâcheront plus, question de t'avoir à l'œil.

— Voyons, Mélo! C'est juste qu'elles étaient là, hier soir, et il paraît que…

Avec une évidente fierté, je lui racontai tout ce que les jupettes m'avaient appris. Mélo, elle, demeurait songeuse et son silence m'inquiéta.

— Je pensais que tu serais plus contente que ça...

— Tu sais que je le suis, aussi contente que si tout ça m'arrivait à moi. Mais je ne leur fais tellement pas confiance ! Si tu savais comment elles sont... Écoute, on va essayer de passer la journée calmement, OK ? Si t'as un appel ce soir, je veux être là, on va fêter ça. Si t'en as pas ou qu'ils ont choisi quelqu'un d'autre, eh bien ! on fêtera quand même. C'était quelque chose, non ? Juste l'audition en valait la peine. Alors, on va attendre des nouvelles de Sébas avant de s'énerver... t'es d'accord ?

Je l'étais tout à fait. Je préférais de loin me garder quelques réserves de bon sens avant de sauter aux conclusions sur le simple commérage des jupettes. Ainsi donc, le groupe avait entendu quatre chanteuses. J'avais donc une chance sur quatre... pas si mal.

La journée s'avéra interminable. J'avais la tête dans les nuages, impuissante à me concentrer. Même l'heure du dîner me parut longue, Mélo et moi étant incapables de penser ou de parler d'autre chose que de l'éventuel coup de téléphone. Je réussis toutefois à me rendre à tous mes cours et à y assister de façon plus ou moins normale, sauf qu'à la fin de la journée, je n'avais rien retenu de ce dont les profs avaient parlé. Hmm! Pas génial, tout ça. Faudrait bien que je me concentre un peu plus si je veux maintenir mes notes. Mais ce jour-là, j'en étais totalement incapable. Je me reprendrais bien... si toutefois je survivais jusqu'au lendemain!

Chapitre 5

ZigZag

Mélodie vint me rejoindre à la maison après l'école, et ma mère et Michel acceptèrent sans aucun problème qu'elle reste partager le souper avec nous. Nous avons mangé sans trop d'appétit et sommes allées nous réfugier dans ma chambre. Les minutes s'égrenèrent à une lenteur insupportable, et comme rien ne s'était passé à presque huit heures, je me décourageai.

— Ils passent probablement d'autres auditions ce soir... ils n'ont probablement pas encore décidé...

Au moment où Mélodie finissait sa phrase, le téléphone sonna et mon cœur sauta dans ma poitrine. Je crus savoir, à ce moment précis, à quoi ressemblait une crise cardiaque. C'était lui, bien sûr. C'était Sébas. En quelques phrases à peine, il me confirma ce qu'Alissia, Alex et Annie-Jade m'avaient annoncé le matin même : ils m'avaient trouvée très impressionnante et espéraient que j'aie envie de me joindre à leur groupe. Ils préparaient en fait un spectacle de Noël à la maison des jeunes et voulaient, d'abord, savoir si je croyais être capable de tout apprendre à temps. Alissia me remettrait un enregistrement d'ici quelques jours de toutes les chansons que j'avais à travailler, et il ne m'en fallait que quatre de plus pour le vendredi suivant. Hmmm! un peu plus d'une semaine. Je lui jurai que c'était bien suffisant, que j'aurais amplement le temps de tout bien mémoriser, tout ça en tentant désespérément d'avoir l'air enthousiaste, mais pas trop énervée... Je raccrochai donc sur un « bye » enjoué et un « merci » presque distrait, mais avec plein, plein de papillons au ventre.

Mélo me sauta au cou et je sus, tel qu'elle me l'avait dit la veille, qu'elle était aussi heureuse que si tout ça lui arrivait à elle. Elle en avait même les yeux pleins d'eau et il n'en fallut pas davantage pour que je me mette à pleurer aussi. Vraiment, ma cage thoracique devenait de plus en plus petite. Je débordais, j'en riais en pleurant, et Mélo faisait exactement la même chose. Deux vraies folles. À un tel point que ma mère, inquiète, frappa à ma porte. Elle pensait que ça n'avait pas marché, mais en nous voyant l'air à toutes les deux, elle appela Michel et sauta dans la mêlée, et je me retrouvai étouffée entre ma mère et ma meilleure amie. J'allais exploser de bonheur!

Pour fêter ça, ma mère décida de nous emmener au centre commercial où elle me fit cadeau d'une magnifique paire de boucles d'oreilles et d'un bracelet. De quoi me faire regretter toutes nos petites disputes idiotes et trop fréquentes...

J'eus évidemment du mal à trouver le sommeil ce soir-là. Dans ma tête, un tourbillon de pensées m'étourdissait. Entendrais-je parler de ces événements à l'école ? Ils avaient beau être rendus au cégep, les gars du groupe semblaient être encore TRÈS connus à mon école. Et TRÈS populaires, c'était le moins qu'on puisse dire. Je revoyais les yeux si bleus de Sébastien. Comment serait le spectacle de Noël ? Je pensais aux chansons à apprendre. Et aux cheveux de Sébastien. Je me demandais si je devais changer mon look et de quoi avaient l'air les souliers de Sébastien. Les SOULIERS de Sébastien ? Je ris toute seule dans mon lit et, par un miracle incroyable, je finis par dormir. Une heure ou deux.

* * *

Dès mon arrivée à l'arrêt d'autobus le lendemain matin, je me rendis compte que la nouvelle s'était propagée à la vitesse de l'éclair. Les jupettes étaient au courant, de même que tous ceux qui attendaient l'autobus avec nous. Apparemment toute l'école le serait dès notre arrivée. Cette fois-ci, les jupettes ne bourdonnaient pas comme des abeilles, elles ne s'agitaient pas autour de moi.

Elles étaient plutôt mielleuses, gentilles, chaleureuses, amicales. Elles me félicitèrent, me disant que je le méritais, que je chantais mieux que toutes les chanteuses qui avaient fait partie du groupe. « Toutes les chanteuses ? Combien y en a-t-il eu au juste ? » me demandais-je. Mais je n'eus pas le temps de pousser ma réflexion plus loin. L'autobus arrivait déjà et mes escortes m'accompagnèrent jusqu'à mon « nouveau » siège, où les autres amis de la clique des jupettes me lancèrent également leurs félicitations. C'était étonnant, tant d'attention. Je trouvais tout ça très agréable, quoiqu'un peu envahissant. Je ressentais un certain malaise en entendant les remarques et commentaires désobligeants dont ils martelaient régulièrement Julianne, et me souvins de ma première impression : je les trouvais insignifiants. Et là, je me retrouvais parmi eux... Je choisis de chasser ce sentiment inconfortable du revers de la main. Je pouvais bien profiter de mon moment de gloire, non ? Cependant, Julianne creva ma bulle en descendant de l'autobus. Elle me dépassa, me bouscula légèrement et me chuchota : « Attention, petite fille, tu sais pas dans quoi tu t'embarques... ». Sur ce, elle s'éloigna et je restai plantée là, confuse.

À partir de ce jour, tout se mit à aller très vite, trop vite. Dès le lendemain, Alissia me remit les vingt chansons que je devais apprendre et mémoriser tel que promis. J'étais survoltée et j'avais hâte de me mettre au travail, ce que je fis en arrivant à la maison ce soir-là. Je pris à peine le temps de manger, téléphonai à Mélo pour lui parler de la liste, de tout, de rien, et de tout encore. Des cheveux de Sébas, aussi, et du son de sa guitare.

La semaine se termina ainsi, entre l'école et mes « devoirs » pour le *band* ; j'avais la tête pleine de paroles de chansons, de formules d'algèbre, d'encore plus de paroles de chansons et de quelques règles obscures de grammaire. Malgré mon horaire bien rempli, j'avais peine à patienter jusqu'à la prochaine répétition. Je sortis avec Mélo durant la fin de semaine et dépensai trop de mes économies au centre commercial, me demandant déjà ce que j'allais porter le soir du fameux spectacle. Elle me fit essayer des tenues plus bizarres les unes que les autres, certaines très sexy, d'autres plus sobres. Je ne savais vraiment pas de quoi j'étais censée avoir l'air… Mélo me conseilla de ne pas m'énerver, car j'avais encore quelques mois devant moi. Et puis, elle avait décidé de faire de mon look sa nouvelle mission : me trouver LA tenue, LE style parfait que je pourrais d'ailleurs tester à l'école d'ici là. C'était, selon elle, hyper important, C-A-P-I-T-A-L. Elle fouillerait dans les magazines, examinerait les looks de stars (!) tout en gardant ma personnalité en tête. Pas question de me transformer en Christina Aguilera ; ce n'était pas du tout mon genre, et je laissais ça aux jupettes ! Je laissai donc Mélodie faire puisque de toute manière, elle était beaucoup plus douée que moi dans le domaine. La mode, j'aime bien, mais honnêtement, je ne sais pas trop comment m'y prendre pour innover ! Et, de toute manière, j'avais déjà bien trop à faire !

Lorsque la nouvelle semaine débuta, je décidai de m'appliquer à mes travaux scolaires, mais aussi, surtout, à parfaire mon interprétation des chansons que nous avions décidé de répéter à la fin de la semaine. Quand Mélo m'invita à manger chez elle le mardi, je dus refuser. Il me restait tant à faire ! Le jeudi, elle voulut aller à la pizzeria, mais là encore, je me demandai comment elle pouvait ne pas comprendre que je voulais profiter de toutes les minutes à ma disposition pour éblouir mon nouveau *band*. Elle me manquait terriblement, mais j'avais, pour l'instant, quelque chose de réellement important à faire, à prouver, et il me semblait naturel qu'elle l'accepte…

Puis, enfin, ce fut vendredi. Je me sentais prête, sûre de moi. J'avais hâte à la répétition et je savais qu'à la fin, les musiciens seraient encore plus convaincus d'avoir fait le bon choix. Évidemment, la journée d'école dura au moins quatre-vingtquinze heures. Je mangeai ce que je pus, me sentant l'appétit d'un moineau anorexique, et me rendis chez Sébas à l'heure convenue.

En arrivant, je le vis qui discutait avec Alissia. Il avait une main autour de son cou et caressait ses cheveux, mais elle restait là, une moue boudeuse aux lèvres. Puis elle se dégagea en un geste un peu colérique et lança « ouain, à plus tard » comme une petite fille gâtée qui n'a pas eu son jouet. Bon. Il y avait quand même ça de réglé : c'était donc Alissia, sa petite amie. Un peu dépitée, mais il en aurait fallu bien davantage pour gâcher mon humeur, je me dirigeai vers l'entrée extérieure du sous-sol et croisai Annie-Jade et Alex qui, au bas de l'escalier, avaient l'air d'attendre quelque chose.

— Nous aussi, tu veux qu'on parte, je suppose ? demandèrent-elles à Sébas tout en jetant un regard mi-implorant, mi-séducteur à Yannick.

— Oui, vous aussi, les filles. On a du travail à faire. Alissia vous attend. Revenez vers neuf heures et demie, dix heures, si vous voulez.

Je dus avouer que j'étais soulagée. Je n'avais pas envie d'avoir de spectatrices ce soir-là. Nous avions du pain sur la planche, et je mourais d'envie d'apprendre à un peu mieux connaître mes nouveaux compagnons.

Je lançai donc mon sac dans un coin, sortis ma bouteille d'eau et sautai dans l'arène, prête à les éblouir de nouveau. Sébas m'avait demandé d'apprendre quatre chansons ; j'en connaissais le double. J'avais même mémorisé les harmonies de deux autres pièces que Jérôme chantait, d'abord parce que je voulais l'entendre chanter, puis pour les impressionner, bien entendu.

Ça fonctionna à merveille. Dès la fin de la première chanson, la glace était définitivement cassée. Même Yannick, le Prince des ténèbres dont le regard me transperçait et m'intimidait au plus haut point, me sourit et me félicita. Sébastien, quant à lui, ne tarissait pas d'éloges. Il lança même à Yannick une remarque qui allait m'empêcher de dormir pour au moins mille ans : « Et elle est aussi belle que sa voix ! » Whoaaa ! J'étais aux anges.

Nous avons travaillé pendant deux bonnes heures jusqu'à ce que les pas sautillants des jupettes nous interrompent. Nous avons repris une dernière chanson et avons mis fin à la répétition. Les filles avaient apporté de la bière, et nous sommes sortis nous installer dans la cour arrière. J'en refusai une poliment de nouveau — je n'aime vraiment pas le goût de la bière et je n'avais VRAIMENT pas l'intention de faire une folle de moi en disant une stupidité à cause de l'alcool, que je ne supporte pas très bien ! — puis Alissia prit une place toute possessive à côté de Sébas et entreprit de lui caresser les cheveux. Je l'enviais…, mais l'air distant, presque nonchalant de mon guitariste me fit tout drôle. Annie-Jade et Alex, elles, entouraient Yannick, qui semblait habitué à de telles attentions. Je tentai de deviner laquelle des deux était sa copine, mais elles semblaient retenir également ses faveurs. Nous avons parlé des chansons, du répertoire, de leur spectacle avant la semaine de relâche l'année précédente et à la suite duquel leur chanteuse les avait quittés. Jérôme m'expliqua qu'à cause de la séparation de ses parents, elle avait dû déménager dans une autre ville.

— Vous n'avez pas eu de chanteuse depuis? m'enquis-je innocemment.

Frédérick vint pour prendre la parole, mais Sébas l'interrompit:

— Oui, on en a eu une jusqu'aux vacances d'été. On a fait plusieurs pratiques, tout allait super bien puis, comme ça, elle a changé d'idée. Elle ne voulait plus chanter, en tout cas, c'est ce qu'elle a dit. Ouain! une girouette, celle-là, elle ne savait vraiment pas ce qu'elle voulait.

Je sentis l'atmosphère s'alourdir, mais ne posai pas d'autres questions. Puis j'entendis Frédérick, visiblement tendu, répondre entre ses dents:

— Oh! Tu te trompes, elle savait *exactement* ce qu'elle voulait... et encore plus ce qu'elle ne voulait pas!

Il y eut comme un flottement. Sans même que Frédérick tente de le camoufler, ses yeux si doux lancèrent des éclairs en direction de Sébastien. De toute évidence, quelque chose s'était passé entre ces deux-là... Une fille ? La chanteuse en question peut-être ? Autre chose ? Je me promis d'essayer de le savoir un jour.

Puis, Alissia prit la parole pour détendre l'atmosphère, me complimentant sur ma façon d'interpréter la dernière pièce. Elle poursuivit :

— C'est l'une des chansons que Jul… bin, que leur ancienne chanteuse avait bien, mais toi, tu la fais encore mieux !

Encore ce flottement. Il y avait de toute évidence quelque chose d'inconfortable au sujet de l'ancienne chanteuse. Cette impression se confirma quand Sébas leva les yeux au ciel, se dégagea d'Alissia et lui dit, presque hargneux :

— La ferme, Alissia, j'ai dit qu'on en parlait plus, de ça, c'est de l'histoire ancienne. Ça nous apprendra à faire confiance à une folle.

Dans la phrase d'Alissia, je crus deviner ce qu'elle avait presque révélé. Jul… S'agissait-il bien de Julianne ? Si tel était le cas, je devais donner un peu raison à Sébas : elle était effectivement pour le moins bizarre. Cependant, Mélo m'avait dit qu'elle n'avait pas toujours été comme ça, qu'elle ne l'était, en fait, que depuis la fin de l'été. Que s'était-il passé ? Son passage au sein du groupe avait-il quelque chose à voir avec sa transformation ? J'avais fermement l'intention de percer le mystère, mais je poursuivrais mes recherches une autre fois. J'acceptai finalement une bière, question d'avoir l'air plus détendue que je ne l'étais… question *d'être* aussi détendue que je l'aurais voulu.

J'écoutais et j'observais attentivement. Je voyais tout, me semblait-il, avec une lucidité extraordinaire. À croire que la seule gorgée de bière que j'avais bue m'avait projetée dans un état d'hyperconscience : les doigts de Sébas qui remontaient le long de la cuisse d'Alissia… jusqu'à l'évidence qu'elle était nue, sous la fameuse jupe ; les caresses discrètes de Yannick à Annie-Jade… puis à Alex ; les deux filles qui semblaient tout à fait s'accommoder de cette situation. Ouf ! Je me sentis tout à coup si naïve et inexpérimentée ! Ah ! Je pouvais bien m'extasier sur Sébas, sur ses mèches blondes et ses doigts qui faisaient chanter sa guitare. Oui, ma voix était un atout important. Mais je n'arrivais pas à la cheville de ces filles en ce qui concerne la féminité et l'expérience ! Il était clair que leur relation, à Sébas et Alissia, était très « avancée »… Moi qui ne m'étais rendue avec Justin, mon premier vrai amour, qu'au stade des caresses par-dessus les vêtements puis qui, après avoir tant hésité, lui avais permis de caresser et lécher mes seins... Je me sentais vraiment comme une enfant auprès de ce groupe. Et quand les échanges de baisers entre Sébas et Alissia devinrent plutôt mouillés, je me sentis carrément de trop. Vraiment inconfortable. Jérôme et Frédérick jasaient ensemble, discutant sur une partie ou une autre de telle ou telle chanson. Yannick partit s'installer dans la longue balançoire avec Alex et Annie-Jade qui se collaient contre lui comme deux chattes en chaleur. J'eus très envie de partir. J'allais me lever et ramasser mes affaires lorsque, sentant sans doute mon malaise, Frédérick vint s'asseoir près de moi. Comme je lui en étais reconnaissante!

— Et puis, t'es contente de comment ça se passe?

Je ne pus qu'avaler ma salive, ne sachant trop que répondre.

— Les pratiques, je veux dire...

Soulagée, je lui dis que oui, j'étais très excitée. J'avais tellement hâte au spectacle! Nous avons parlé de tout et de rien, puis je ne pus m'empêcher de lui demander:

— Ça fait longtemps qu'ils sont ensemble, Alissia et Sébas?

— Oh! deux ou trois semaines. Ça ne durera probablement pas, ça ne dure jamais bien longtemps avec Sébas… ni entre ces trois-là, en fait, conclut-il avec un petit geste de la tête en direction des trois filles et d'un ton qui me sembla désabusé. Avant, Sébas était avec Annie-Jade, et avant ça avec Alex, je sais plus trop dans quel ordre, je les mélange, lui aussi, probablement!

— Je vois. Tu ne les aimes pas beaucoup, on dirait!

— Bof. Pas mon genre. Les filles en mettent un peu trop. Elles n'ont pas grand-chose à dire et, personnellement, je les trouve un peu collantes! Mais bon, je suis ici pour la musique, rien d'autre. Ces gars-là sont pas vraiment des amis non plus; je ne suis pas d'accord avec eux sur plusieurs choses. Mais musicalement, on s'entend et c'est ce qui compte pour le moment. Mais il faut que je te dise que je cherche, ailleurs, un *band* qui me ressemble plus. Les gars le savent, c'est pour des raisons personnelles...

J'étais déçue. Frédérick était vraiment un excellent batteur, et j'aimais beaucoup sa chaleur, sa gentillesse, sa façon d'être. Que s'était-il donc passé? Je brûlais de curiosité de poser d'autres questions à Fred, mais je sentais bien que ce n'était pas le moment. C'est plutôt lui qui me demanda:

— Ce sont tes amies, les greluches?

— Ouf! pas vraiment! Disons qu'elles sont plus amicales depuis que vous m'avez engagée…

— Pfff! Ça ne m'étonne pas. Méfie-toi d'elles. Elles préfèrent sûrement être amies avec toi pour te garder à l'œil. Méfie-toi aussi de Sébas. Sans vouloir parler contre lui, il est parfois imprévisible...

Imprévisible. Mouais. Je verrais. « Me garder à l'œil », avait-il dit. Exactement la même phrase que Mélodie avait employée. Je ne voyais cependant absolument pas comment je pouvais les menacer de quoi que ce soit... leurs places avaient l'air assez bien assurées! Mais il s'agissait cependant d'une trop grande coïncidence pour l'ignorer.

Nous avons continué à parler. Frédérick était vraiment gentil et très drôle. Quand il me parla de la gaffe qu'il avait faite durant leur dernier spectacle, alors qu'une de ses baguettes s'était littéralement envolée de sa main pour aller se planter dans la crinière de Sébastien, je ne pus m'empêcher d'éclater de rire. C'est là que Sébas repoussa Alissia assez brusquement.

— Bon, allez, tout le monde dehors, je m'en vais me coucher.

Alissia se colla plus près de lui, avec un sourire entendu, et en nous adressant de petits saluts de ses doigts aux longs ongles manucurés. Mais à sa grande déception, Sébas l'aida à ramasser son sac et le lui tendit. Elle protesta, mais il se contenta de lui dire :

— Demain soir, peut-être, je suis fatigué et il y a

un film que j'ai envie de regarder.

— Je peux le regarder avec toi ? demanda Alissia, presque suppliante.

— Non, j'ai envie d'être seul.

Il me sembla qu'il me regarda droit dans les yeux en prononçant cette dernière phrase. J'en eus des frissons partout. Était-ce mon imagination ? Pourquoi me regardait-il ainsi ? Essayait-il de me dire quelque chose ? Ah ! Tant de questions sans réponses ! Moi qui avais pensé que le plus difficile serait d'apprendre toutes ces chansons...

Yannick partit de son côté avec les trois filles, et Frédérick et Jérôme dans la voiture de ce dernier. Ils m'offrirent de me raccompagner. Je les remerciai chaleureusement, mais j'étais en vélo et la randonnée me ferait le plus grand bien...

C'est là que Sébas me regarda encore de ses yeux perçants et m'offrit de venir me chercher à la maison le mardi suivant. J'acceptai avec un grand, un très grand plaisir, jusqu'à ce que l'image d'Alissia s'impose à mon petit cerveau. Pourvu qu'elle ne s'imagine pas que j'essayais de lui voler Sébastien ! Venais-je de commettre une erreur que j'allais regretter amèrement ? Si je l'avais su, je ne me serais pas tant inquiétée, ou du moins pas pour les mêmes raisons.

Chapitre 6

Un gros nuage...

Le lendemain, je téléphonai à Mélo pour lui parler de la veille et, surtout, pour l'inviter au cinéma. Il était grand temps pour nous de rattraper le temps perdu et de passer un peu de temps ensemble. Je sentais que je l'avais négligée... et j'avais tant de choses à lui raconter ! Mais elle devait sortir avec ses parents et ne savait pas quand elle rentrerait. Au moins aussi déçue que moi, elle proposa le dimanche, mais j'avais promis d'aider ma mère avec une foule de travaux autour de la maison et, en soirée, de garder mon petit voisin, question de renflouer mes économies. Je ne pus donc que lui raconter les grandes lignes de ma soirée de la veille. Elle était curieuse du petit « mystère » entourant l'ancienne chanteuse, probablement Julianne, et avait bien hâte que je lui fournisse d'autres indices.

Je lui promis donc de m'organiser pour être libre de sortir avec elle jeudi soir.

— C'est loin, mais je survivrai ! Je sais que c'est pour une bonne cause, ma vedette préférée ! Au moins, on se verra à l'école...

Oui, évidemment, je pouvais la voir à l'école. Cependant, ma nouvelle popularité semblait l'agacer. En plus des jupettes, tout un nouveau groupe de garçons et de filles qui gravitaient autour des AAA semblait me porter un nouvel intérêt. J'en étais flattée, bien qu'un peu étourdie, et ne savais trop qu'en penser. Jamais je n'avais été aussi sollicitée, et le fait qu'ils soient tous plus vieux que moi me flattait encore plus. Aux pauses, ils m'attiraient dans leur cercle. Au dîner, comme je mangeais toujours avec Mélo, ils nous invitèrent toutes les deux à leur table. Mélo n'eut pas le temps de réagir que j'acceptais déjà, lui disant qu'elle devrait leur donner une chance, que les trois filles n'étaient pas aussi pires qu'elle semblait le croire. Plus on est de fous, plus on rit, non ? Elle n'avait pas l'air très emballée, loin de là, en fait, mais je passai outre, la trouvant même un peu possessive.

Je me rendis à peine compte de son absence de l'école, mardi. Ce n'est que sur le chemin du retour que je songeai à elle et je lui téléphonai en arrivant pour m'assurer que tout allait bien. Elle me rassura, me disant qu'elle s'était réveillée avec un peu de fièvre, mais qu'elle allait déjà mieux. Elle me demanda comment se présentait mon jeudi, si nous pouvions toujours sortir, aller au cinéma ou au centre commercial. Je lui confirmai que c'était immuable, que je m'arrangerais pour tout terminer mercredi et être fin prête pour la répétition de vendredi. Je réalisai que j'avais complètement oublié de lui dire que Sébastien venait me chercher dans quelques heures à peine. Elle accueillit cette nouvelle avec un silence prolongé que je mis du temps à interpréter. Était-elle heureuse ? Jalouse ? Inquiète ? Finalement, elle explosa :

— *Yeeessssss !* Je savais qu'il te trouverait de son goût ! Je le savais donc !!!! Est-ce qu'il t'a dit quelque chose ? Est-ce qu'il a fait quelque chose ? Raconte-moi, y a sûrement autre chose que t'as oublié de me dire !!!!!

— Mais Mélo, il est avec Alissia. Tu sautes un peu vite aux conclusions...

— Hmmm... ça, c'est pas évident. Elle est comment avec toi, Alissia ? Toujours aussi « gentille » ?

— Bin oui, c'est ça qui est bizarre. Elle était pourtant là quand il m'a offert de venir me chercher. Je parie même qu'elle sera dans l'auto, elle aussi, et en avant, près de lui. Je te dis, tu te fais des idées. Je ne lui arrive pas à la cheville, à Alissia. Tu devrais voir comment elle est avec lui !

— Ça ne veut rien dire. Elle est peut-être la championne des aguicheuses, et elle fait sans doute des choses assez *hot* avec lui, mais elle n'a pas ton talent ni ta beauté...

— Arrête, Mélo ! De toute évidence, il aime ce genre de fille, que je ne serai jamais. En tout cas, il faut que j'y aille. J'ai du pain sur la planche avant qu'il arrive… J'te raconterai tout, tout, tout !

Sébas arriva chez moi à sept heures, tel que prévu, seul dans la voiture de son frère. Tout seul. Je montai, il me dit salut et… m'embrassa sur la joue en s'attardant un peu plus longtemps que nécessaire. Ou était-ce encore mon imagination qui me jouait des tours ? Quoi qu'il en soit, je me sentis rougir jusqu'à la racine des cheveux. Je lui demandai où était Alissia.

— Oh ! elle viendra sans doute plus tard. Rien à faire, elle vient toujours !

Je ne savais vraiment pas quoi répondre. Il avait l'air un peu agacé, mais si tel était le cas, pourquoi ne le lui disait-il pas ? Je comprenais de moins en moins. Je pris le parti de paraître détendue et de la défendre :

— Bin, c'est ta blonde, c'est normal qu'elle veuille être là, non ?

— Ma blonde ?

Il rit et je fus d'abord soulagée. Il poursuivit :

— Non, Alissia, c'est pas ma blonde. C'est pas le genre de fille que je voudrais comme blonde ! C'est une amie, une bonne amie, mais c'est tout…

De soulagée je passai à troublée. Peut-être qu'il ne la considérait pas comme sa petite amie, mais le savait-elle, elle ? J'avais beau ne pas me sentir particulièrement proche de cette fille, mais c'était le genre de situation que je ne souhaitais à personne. Je restai silencieuse. Le reste du trajet se fit au son de la musique sans que nous échangions quoi que ce soit d'autre. Mais c'était un silence confortable. Je le regardais conduire et le trouvais beau, si beau. Sa dernière remarque m'avait tout de même laissée perplexe. Drôle de façon de traiter une « amie ». Décidément, je ne comprenais rien à rien.

La répétition se passa encore mieux que la précédente. Yannick et Frédérick avaient quelques petites choses à réviser, j'avais encore quelques paroles à mémoriser et il fut convenu que ces détails seraient réglés d'ici vendredi. Je fus étonnée de ne pas voir les AAA ce soir-là. Je savais qu'elles ne se déplaçaient qu'ensemble et espérais que je n'étais pas la cause de leur absence. Je ne tenais pas nécessairement à faire partie de leur groupe, mais je souhaitais encore moins être leur ennemie, car je me doutais qu'elles pourraient devenir mon pire cauchemar. Pourvu qu'elles ne soient pas en train de planifier de quelle façon, sans doute longue, lente et très douloureuse, elles allaient me torturer !

La soirée se termina relativement tôt. Pas de détente dans la cour arrière cette fois et j'en fus un peu déçue, d'autant plus que l'absence des filles m'aurait peut-être permis d'en apprendre davantage sur les autres. Peut-être une prochaine fois. Yannick sortait ce soir-là avec Jérôme et ils partirent presque aussitôt leur matériel rangé. En me raccompagnant, Sébas était beaucoup plus volubile. Il me confia qu'il avait un bon pressentiment pour le spectacle et qu'il était même en train de voir s'il ne serait pas possible de faire un spectacle à l'école, mon école, pendant la semaine du carnaval cet hiver. Cette perspective m'enchanta au plus haut point. Ce qui m'enchanta encore plus, c'est la façon dont Sébas me dit au revoir en arrivant chez moi… Croyant à la bise amicale sur les joues, je ne me doutais de rien lorsqu'il approcha son visage du mien. Mais lorsqu'il déposa doucement ses doigts sur mon menton pour tourner ma bouche vers la sienne, je crus défaillir. Il déposa ses lèvres sur les miennes. Elles étaient douces et chaudes. Il faufila sa langue dans ma bouche, et je l'accueillis avec surprise, répondant, malgré mon état d'hébétude, à ce baiser aussi souhaité qu'inattendu. C'était délicieux, fantastique, époustouflant. Puis, il s'éloigna un peu, et je me demandais si je devais dire quelque chose... Mais il me devança :

— À vendredi, petite Saja…

Je ne suis pas certaine de lui avoir répondu. Je

descendis de la voiture, un sourire rêveur au visage. Après être entrée dans la maison comme une somnambule, je me « réveillai » en sursaut et me précipitai, malgré l'heure tardive, sur le téléphone. Mélo semblait attendre mon appel, car elle répondit à la première sonnerie. Je n'ai pu dire que quelques mots :

— Mélo, il m'a embrassée...

— Pas vrai ! Pour VRAI de vrai ? Avec la langue et tout !!! Ahhhhhh ! Saja !!!! Chanceuse… c'était comment ?

— C'était… c'était… bin, assez incroyable…

— Hmmm… j'ai bien hâte de voir la tête d'Alissia…

Une douche froide. Je l'avais complètement oubliée, celle-là. Elle allait me tuer, me réduire en bouillie. Elle allait rendre ma vie misérable, comme elle le faisait pour Julianne, profitant de chaque occasion qui se présenterait pour me traiter de *loser,* de vampire malade, de bizarroïde épeurante et bien d'autres choses. J'étais cuite. Je devrais faire mon testament.

— Peut-être pas. Si ce que Frédérick t'a dit est vrai, elle a peut-être déjà un autre chum.

— C'était PAS son chum, du moins c'est ce que Sébas m'a dit…

Nous avons bavardé encore plusieurs minutes, spéculant sur mon espérance de vie et sur tous les méfaits que les jupettes allaient sans doute m'infliger. Ça dépendait sans doute du moment et de la façon dont elles apprendraient, surtout Alissia, ce qui s'était passé. Puis, je réussis à me coucher et à m'endormir, malgré les soubresauts acrobatiques de mon cœur et la course folle du sang dans mes veines. Incroyable.

* * *

Les jupettes m'accueillirent à l'arrêt d'autobus le lendemain matin encore plus chaleureusement que d'habitude. Elles me posèrent mille questions sur la répétition de la veille, mais aussi sur Sébas, me demandant ce que je pensais de lui, s'il me plaisait, et plusieurs autres choses que j'entendis à peine. Elles parlaient toutes en même temps et m'étourdissaient. Je n'avais pas prévu ça et ne savais vraiment pas comment réagir. Même Alissia me souriait, comme si j'étais sa complice. Elle m'adressa un clin d'œil et me dit :

— Ma belle, je pense bien que le beau Sébas est incapable de te résister !

Soit j'étais complètement à côté de la plaque ou carrément idiote, ou bien il me restait quelques jours de sursis. Rien de ce que j'avais appréhendé n'était en train de se produire. Plutôt le contraire. Elles savaient tout, pourtant, c'était évident d'après ces remarques. C'était à n'y rien comprendre. Je choisis d'être directe pour en avoir le cœur net.

— Mais Alissia, je ne comprends pas. Je croyais que vous étiez ensemble, toi et lui ?

— Ensemble ? Bien, ça dépend de ce que tu veux dire par « ensemble ». On est de bons amis, on a beaucoup de plaisir ensemble, c'est vrai, si tu vois ce que je veux dire…

Nouveau clin d'œil déconcertant.

— … mais il n'est pas vraiment le genre de gars que je voudrais comme chum. Il est bien gentil et tout, mais…

— Mais quoi ?

— Oh, rien ! je sais pas trop. Je suis pas amoureuse de lui, c'est tout. Et lui, il n'est pas amoureux de moi non plus. Je pense qu'il est avant tout amoureux de lui-même.

Je n'eus pas le temps de poursuivre cette conversation si instructive, car l'autobus arrivait. Au moins, Sébas et Alissia semblaient sur la même longueur d'onde... Toute la journée, ces bribes de conversation me trottèrent dans la tête. Ainsi donc Sébas était libre, je ne faisais de mal à personne en sortant avec lui et je ne m'attirais pas d'ennemies non plus. Fantastique. Mais Alissia ne semblait pas avoir une très bonne opinion de lui. Quoique… s'ils avaient « beaucoup de plaisir ensemble », il devait bien lui plaire quand même, non? Ah! je nageais dans la plus grande confusion. Et s'il tombait éperdument amoureux de moi? Si, avec les jupettes, il n'était simplement pas tombé sur la fille dont il avait toujours rêvé?

J'en parlai bien entendu avec Mélo ce midi-là. J'avais prétexté un travail à finir pour refuser l'invitation des AAA de nous joindre à elles. Mélo en sembla soulagée, mais elle était inquiète. Elle était bien heureuse de tout ce qui m'arrivait, particulièrement avec Sébastien, mais elle avait peur que je sois déçue.

— Assure-toi de savoir clairement ce qu'il veut, OK? S'il n'est pas vraiment amoureux de toi mais cherche simplement à avoir une autre fille à son tableau de chasse, j'espère que tu sauras quoi faire…

Je lui promis de garder toute ma tête et d'être prudente. L'heure de la pause achevait. Mélo suggéra qu'on se téléphone ce soir-là pour en parler davantage ou même de passer chez moi après avoir terminé ses devoirs. Mais elle comprit à mon regard chagriné que je n'en avais pas le temps, devant travailler aux chansons. Nous pourrions poursuivre cette conversation dès le lendemain. J'avais tellement hâte de passer toute une soirée avec elle!

En revenant de l'école, je m'attelai donc à la tâche de tout réviser afin d'être totalement libre pour ma meilleure amie le lendemain soir. Je n'avais pas tant de travail, mais je tenais absolument à bien maîtriser toutes les chansons.

Je travaillais avec entrain depuis environ une heure lorsqu'on sonna à la porte. C'était Annie-Jade. Dans une petite voiture arrêtée devant la maison attendaient Alex et Alissia avec, au volant, une autre fille que je ne connaissais pas. Annie-Jade me fit son plus beau sourire :

— On s'en va au centre commercial. Tu viens avec nous ? On pensait qu'avec tout ce qui se passe dans ta vie ces jours-ci, t'aurais peut-être envie de t'acheter de nouvelles petites choses sexy… On peut t'aider !

Elle minaudait, tentait de me convaincre. Un peu plus et elle aurait battu des paupières. Elle me semblait si sûre d'elle, si confiante, que je me surpris à l'envier, l'espace d'une seconde ou deux. Hmmm ! Cette escapade serait peut-être l'occasion d'en apprendre un peu plus sur Sébas et sa relation avec Alissia et de m'assurer de rester dans les bonnes grâces de ces filles. Ça pourrait toujours servir... D'un autre côté, je savais que Mélo travaillait fort pour me trouver un nouveau look d'enfer et que ce que les filles auraient à me proposer ne serait sûrement pas dans mes cordes ! Mais je conclus en me disant que je n'étais pas obligée, après tout, de m'acheter quoi que ce soit, que regarder n'avait jamais fait de mal à personne. Sait-on jamais, peut-être avaient-elles de bonnes idées ? J'attrapai donc ma veste et suivis Annie-Jade.

Durant le trajet, je me contentai d'écouter le babillage environnant. J'appris ainsi que la conductrice, Jessica, était la cousine d'Alex et l'ancienne petite amie de Yannick. Elle avait dix-huit ans, était absolument magnifique, dans le genre pitoune, et j'étais gênée, je ne me sentais pas du tout à ma place. Décidément, c'était fréquent, ces jours-ci ! Je me sentais mal à l'aise avec elles ; elles fumaient, potinaient, et lorsqu'elles se mirent à rire de certaines filles de l'école dont Julianne, je voulus disparaître. J'aurais dû intervenir, la défendre, mais j'en étais incapable. J'aurais eu l'air sotte, jeune, idiote, exactement comme je me sentais. Puis, elles parlèrent du party d'Halloween et mon sang ne fit qu'un tour. J'en avais vaguement entendu parler et espérais bien y aller… autant que possible avec Sébas. Mais ça me sembla, à cet instant-là, très peu probable !

— Faudra que tu penses à un déguisement irrésistible ! s'écria Alex. Sébas adore les vampiresses sexy, pas les pseudo-vampires à l'air malade comme Julianne ! On va te trouver un costume qui le fera bander dur, même si, de toute évidence, tu lui fais assez d'effet comme ça !

Elles pouffèrent et je voulus mourir. Jessica m'adressa la parole avec un sourire qui me sembla *perfide.* J'avais souvent entendu ce mot, mais je n'avais jamais pu l'associer à quoi que ce soit jusqu'à maintenant. J'en aimais la sonorité. Sans trop savoir pourquoi, son sourire *perfide* me fit penser à de l'arsenic enrobé de chocolat. De l'arsenic, comme le poison mortel. Ou peut-être de l'acide sulfurique. Et moi qui disais ne rien retenir de la chimie !

— Ainsi donc, t'es tombée dans l'œil du beau Sébas, la petite ? demanda Jessica.

— Euh ! bin... j'sais pas trop, faudrait pas sauter aux conclusions ! Il aime ma voix, peut-être..., bégayai-je.

Alissia m'interrompit :

— Arrête ! T'as vu comment il te regarde ! Allez, avoue... et puis il doit bien t'avoir fait comprendre que tu lui plaisais... il n'attend pas très longtemps d'habitude, n'est-ce pas les filles ? Il est plutôt du genre pressé...

Elles pouffèrent de nouveau et Annie-Jade ajouta :

— Heureusement, y a des choses pour lesquelles il prend tout son temps ! En tout cas, le temps qu'il lui faut !

Nouveaux gloussements auxquels je n'osai répondre quoi que ce soit. J'aurais tout donné pour disparaître. De quoi parlaient-elles au juste ? Était-ce bien ce à quoi je pensais ? Comme en grosses lettres au néon, les dernières paroles de Julianne me revinrent en mémoire et s'allumèrent dans ma tête : « Attention, petite fille, tu sais pas dans quoi tu t'embarques... ». Je commençais à trouver que oui, peut-être, je devrais être prudente. Cependant, je ne voyais aucun mal à m'amuser. S'il était vrai que Sébas me trouvait de son goût, je serais vraiment idiote de ne pas en profiter ! Et pour, justement, profiter au maximum de ma nouvelle popularité, les filles qui m'accompagnaient étaient sûrement les mieux placées. Je décidai donc de voir où me mèneraient les choses, tout en me promettant de garder au moins un œil ouvert.

Au centre commercial, je fus étonnée de voir que les AAA, et surtout Jessica, semblaient bien connaître les meilleures boutiques et toutes leurs vendeuses, qui les traitaient comme des clientes importantes. Je réalisai qu'elles devaient bien dépenser des sommes astronomiques en vêtements, et je pus constater que ça avait des avantages. Elles me traînèrent partout et me firent essayer des tenues de toutes sortes qui ne collaient vraiment pas à mon genre. Elles portaient pourtant ce genre de choses, elles, mais c'était leur style, pas le mien. Je finis tout de même par acheter une petite jupe fuchsia et un chandail moulant assorti dont le décolleté était plutôt provocant. Pour faire changement, c'était réussi ! Je n'aurais sans doute jamais osé m'acheter de tels vêtements, mais leurs exclamations en me voyant sortir de la cabine d'essayage me convainquirent. Elles s'extasiaient, n'arrêtaient pas de me dire que j'étais magnifique, que ça m'allait TELLEMENT bien, et j'en rougissais de plaisir. Pourquoi pas, après tout ? Ce n'était qu'une jupe et un chandail ! Et comparativement aux autres choses qu'elles m'avaient fait essayer, c'était très présentable...

C'est en sortant de la boutique, riant aux éclats et excitée, que j'arrivai face à face avec Mélo. Étonnée, je vins pour lui sauter au cou, mais elle recula, m'examina d'un air sévère, déçu, fâché. Il me fallut quelques secondes pour réagir.

— Mélo ! Mais qu'est-ce que t'as ? Pourquoi t'as l'air si fâchée ?

— Fâchée, moi ? Mais non. Je me demandais simplement comment il se faisait que t'étais trop occupée pour me voir, mais pas pour venir ici avec ces greluches.

— Tu comprends pas… elles sont arrivées chez moi, je venais juste de finir de pratiquer et…

— Ça fait rien, t'as pas d'explications à me donner. De toute manière, je voulais te dire que je pourrai pas te voir demain. Autre chose s'est présenté.

— Quoi ? Mélo, qu'est-ce que tu racontes ? Tu boudes ?

— Oh non ! je boude pas. Je savais que ça arriverait. Tu fais ce que t'as à faire, tu vis ta vie, c'est tout. Mais moi, cette vie-là, elle m'intéresse pas.

Elle jeta un regard foudroyant aux jupettes, qui ne s'occupaient pas d'elle. Elles étaient trop occupées à planifier le reste de leur soirée, cellulaire à l'oreille et gloussements à l'appui.

— De toute manière, continua-t-elle, j'ai comme un rendez-vous important. Pendant que t'étais trop occupée pour me voir, imagine-toi qu'il se passait des choses dans ma vie aussi. Des choses vraiment cool. Alors, excuse-moi, je dois y aller. Jonathan m'attend.

—Jonathan ! Vraiment ! Trop cool ! Raconte !!!

— Désolée, Sarah-Jeanne. Une autre fois peut-être…

Et elle partit, me laissant là avec une pierre à la place du cœur. Son *Sarah-Jeanne* pesait lourd à côté de son Saja habituel… Que venait-il de se passer, au juste ? Est-ce que je venais de la blesser ? Je n'avais rien prévu de tout ça ! Pourquoi ne voulait-elle rien entendre ? Ah ! comme elle pouvait être bornée, des fois ! Ma bonne humeur était devenue chagrin et se transformait maintenant en colère. Eh bien ! Si elle était incapable de se rendre compte que je n'avais rien fait de mal, tant pis. Si elle n'écoutait même pas ce que j'avais à dire, je ne pouvais pas faire grand-chose.

Je retrouvai les filles un peu plus loin. Elles étaient en train de décider que j'avais besoin de bottes pour accompagner ma nouvelle jupe et de choisir la boutique la plus appropriée. J'étais tout à fait d'accord : une nouvelle paire de bottes me ferait le plus grand bien. Ça crevait un énorme trou dans mon budget, mais comme il semblait maintenant clair que je ne dépenserais pas le soir suivant pour une sortie avec Mélo, ça compenserait un peu ! Il fallait bien que toutes les heures de gardiennage servent à quelque chose, après tout…

Chapitre 7

La nouvelle Sarah-Jeanne

Dès le tout début de la journée, mon nouveau look fit des ravages. Je reçus plus de compliments qu'il m'était possible d'en accepter. Je devais bien admettre que mes nouveaux vêtements m'avantageaient et je pris un plaisir certain à me faire regarder avec une pointe d'envie par les filles, avec admiration par les garçons. Cependant, comme Julianne en prenait maintenant doucement l'habitude, elle me fit complètement retomber de mon nuage en descendant de l'autobus :

— Ah ! elles t'ont donc définitivement mis le grappin dessus. C'est juste une question de temps, tu vas voir, ça va débouler ! Bonne chance…

Je ne comprenais absolument pas de quoi elle parlait. Qu'est-ce qui allait débouler ? Quel grappin ? Elle ne savait pas de quoi elle parlait. Personne n'avait mis le grappin sur moi ! J'étais une grande fille et j'étais bien capable de prendre mes propres décisions ! Et puis si j'avais envie de changer de look et de style, ça ne regardait que moi. Cependant, j'étais un peu perturbée. Ce qui m'agaçait le plus était de ne pas comprendre où elle voulait en venir. Je lui demandai d'expliquer ce qu'elle voulait dire. Je lui dis que si elle avait quelque chose d'important à me dire, je voudrais bien qu'elle le fasse plutôt que me lancer des messages partiels auxquels je ne comprenais rien. Elle sembla réfléchir et allait parler quand je fus happée par les AAA qui m'entraînèrent à l'intérieur de l'école. Julianne se tut et me regarda fixement partir. Et moi qui nageais toujours en pleine confusion. Si on nous accordait des notes en naïveté et en stupidité à l'école, j'aurais certainement obtenu tout un tas de A+++++ ! Alissia me dit :

— Qu'est-ce qu'elle te veut, elle ? Ne l'écoute pas, elle est folle et probablement jalouse !

Je me retournai pour regarder Julianne une dernière fois avant d'entrer dans l'école. Elle marchait lentement, la tête basse. Et je me sentis bizarre. Vraiment bizarre.

Le babillage des filles eut le don de me détendre et je me sentis un peu mieux en me rendant à mon premier cours. Français. Mélo était déjà dans la classe et, en me voyant, elle se contenta de me toiser de la tête aux pieds, complètement impassible, mis à part la petite pointe de tristesse que je décelais dans ses yeux. Mais qu'est-ce qu'elle croyait ? Que je l'avais trahie ? Que je n'étais pas digne de son amitié simplement parce que, pour une fois, je m'habillais un peu plus sexy que les autres jours? Son attitude, en plus des paroles de Julianne, acheva de me mettre de mauvaise humeur.

Ce midi-là, je dînai avec les jupettes et leur joyeuse bande. Je voyais Mélo, à une autre table, et j'étais déçue et fâchée de son intransigeance. Mais je n'avais pas envie d'être déprimée et je tentai de me laisser distraire par les autres. Rien n'y fit. Je me demandais si je devais faire encore un effort pour m'expliquer avec Mélo ou la laisser réfléchir un peu. J'aurais tellement aimé qu'elle me raconte ce qui se passait avec Jonathan! Elle était folle de lui et n'avait jamais réussi à l'approcher depuis qu'elle l'avait rencontré au début des classes. Que s'était-il passé? J'imaginais qu'elle sortirait avec lui ce soir, alors qu'elle devait être avec moi, et j'eus mal. Terriblement mal. Je ne savais plus ce que mon cœur était censé ressentir. Il valsait entre la colère et le regret, entre la déception de ne pouvoir partager tout ça avec elle et l'amertume face à son incompréhension. C'était bien épuisant tout ça!

En rentrant ce soir-là, je vis la voiture du frère de Sébas devant la maison… et Sébas lui-même qui en descendait. Mon petit cœur déjà malmené arrêta de battre pendant ce qui me sembla une heure ou deux. Je me sentis chancelante, rouge tomate, au bord de la panique et de l'excitation extrême. Que faisait-il ici? Je marchai vers lui, tentant de camoufler mon état d'agitation.

— Salut! Je passais dans le coin et je me demandais si t'avais envie d'aller faire un tour…

— Ouais, ça me ferait du bien…

— Wow! t'es belle, aujourd'hui! T'es belle les autres jours, aussi, mais ça te va vraiment bien...

— Merci...

Au moins, ça lui plaisait, à lui... Je pris place dans sa voiture, tentant désespérément de cacher ma nervosité, et il démarra. Je vis qu'il se dirigeait vers l'extérieur de la ville et fus heureuse de le voir s'engager dans le stationnement du grand parc boisé. À cette époque de l'année, les feuilles des arbres étaient magnifiques et le paysage, malgré la pénombre qui s'annonçait, féérique. «Comme c'est romantique!» me dis-je. Ma mauvaise humeur s'envola d'un seul coup et, pour la première fois de la journée, j'oubliai Mélo. Il m'emmenait au parc; il n'y avait personne dans les parages… Qu'allait-il se passer? Allait-il m'embrasser? Je le souhaitais, mais en même temps je l'appréhendais. Oui, il m'attirait. Tellement! Mais j'aurais aimé pouvoir apprendre à le connaître un peu mieux avant que les choses aillent plus loin. Oh! Je ne me plaignais pas! Des dizaines, peut-être même des centaines de filles auraient donné tout ce qu'elles possédaient pour être à ma place et je le savais. Alors, j'avais bien l'intention de profiter de chaque instant…

Sébastien stationna la voiture et vint m'ouvrir la portière. J'étais étrangement flattée et je me sentis tout à coup comme une princesse. Il me tendit la main et, timidement, je lui tendis la mienne. C'est comme ça que nous avons marché, quelques feuilles mortes crissant sous nos pas. Il m'entraîna jusqu'au banc faisant face à l'aire de jeu, déserte à cette heure, un soir de semaine. J'étais bien, mon cœur battait à huit cents kilomètres à l'heure, mais oui, j'étais bien. Il me sortit de ma rêverie :

— T'as entendu parler du party d'Halloween chez Yannick ?

— Euh… un peu, comme ça…

— J'avais hâte de te le dire… Il faut que tu sois là, on voudrait bien jouer quelques pièces. Qu'est-ce que t'en penses ? Je pourrais passer te prendre vers sept heures, le temps qu'on installe tout le matériel et qu'on fasse un test de son avant que les autres arrivent. J'irai te reconduire à la fin de la soirée, c'est assez loin de chez toi et ça risque de finir assez tard… Tu peux inviter des amis aussi, si tu veux. Je te donnerai l'adresse.

— C'est comment, d'habitude ?

— C'est fou ! Tout le monde se déguise, Yannick a vraiment de la bonne musique, on va jouer, on va même louer un peu d'éclairage, leur sous-sol est super grand, ce sera une bonne pratique pour le spectacle !

— Mais on est pas prêts !

— On va pas jouer le spectacle au complet, juste un *set*, sept ou huit tounes. Pas de problème !

J'étais folle de joie. Mon premier show !

— Y aura beaucoup de monde ?

— L'an passé, on était plus d'une cinquantaine. Y en avait plein qu'on ne connaissait même pas, mais c'est pas grave, c'était vraiment quelque chose. Avec tout le monde déguisé, c'est pas toujours évident de reconnaître qui que ce soit !

— Ses parents ont pas de problème avec le fait que Yannick fasse un si gros party ?

— Non, ils partent toujours cette fin de semaine-là. Leur seule condition, c'est qu'ils retrouvent la maison dans l'état où ils l'ont laissée. On est toujours plusieurs à tout ramasser le lendemain. Pas de problème, j'te dis !

— OK, je serai là !

Je pensai tout de suite à Mélo. Il fallait qu'elle vienne ! Mais la seconde suivante mon cœur sombra. Comment faire pour réparer ce qui n'allait pas avec elle ? Plus le temps passait, et plus je comprenais comment elle avait pu se sentir. J'avais choisi de passer du temps libre avec ces filles-là plutôt qu'avec elle... Elle devait croire que je la rejetais ou que je les préférais à elle. Elle avait peut-être même cru que j'avais tout prévu et lui avais menti... Si c'était le cas, elle devait avoir mal, être terriblement déçue, blessée, fâchée... Il devenait urgent que je lui donne ma version des faits. Enfin.

Sébastien interrompit une fois de plus mes réflexions en faisant pivoter mon visage comme l'autre fois, une main doucement posée sous mon menton. Il s'approcha et m'embrassa. Sérieusement. Comme au cinéma. Après avoir enroulé sa langue autour de la mienne, il me caressa les cheveux et le cou. Une chance que j'étais assise : mes jambes auraient sûrement flanché ! J'étais étonnée, flattée, excitée, mais j'étais aussi très, très, très près de la panique, car il m'intimidait tellement ! J'avais peur de tout gâcher, de faire un faux pas qui lui aurait montré à quel point je ne savais rien de rien !

Il sentait bon. Il goûtait bon. Ses mains sur mon corps me rendaient folle, j'étais complètement molle, comme une poupée de chiffon. Mais quelque chose me chicotait. J'aurais dû être heureuse, j'aurais dû me sentir follement amoureuse, mais ce n'était pas ce que je ressentais. Enfin pas tout à fait. Peut-être avais-je simplement un peu de mal à croire à ce qui était en train de se passer? Je me dis que je devrais me pincer pour en avoir le cœur net..., mais j'avais trop peur qu'il ne s'agisse effectivement que d'un rêve.

Au lieu de me pincer, je me rapprochai de lui, laissai à mon tour mes mains caresser ces affolantes mèches blondes. Elles étaient bien réelles, douces et soyeuses. Ce geste sembla encourager Sébastien qui délaissa mes cheveux et mon cou pour me masser doucement le dos avant de m'agripper les hanches pour me faire asseoir sur lui. Hmmm! ça devenait vraiment, vraiment intéressant..., inquiétant aussi, en fait. Je sentais son désir, son urgence...

Assise sur lui, je le laissai me caresser plus confortablement et l'embrassai avec toute la fougue que je ressentais. Il sembla l'apprécier et sa bouche devint plus exigeante; il me mordillait les lèvres, c'était excitant, c'était... quand ses mains glissèrent sur mes fesses, je sursautai. Elles se faufilèrent sous ma jupe, ne laissant que le mince tissu de mes collants séparer ma peau de la sienne. Tant de choses me passaient par la tête en même temps que j'avais l'impression qu'elle allait exploser. Je pressentais qu'il faudrait qu'il arrête, mais c'était bon. Enfin, je le croyais, je ne savais plus. Si c'était aussi bon, pourquoi voulais-je me sauver en courant? Tout allait trop vite, sans doute...

Je me répétais que j'avais de la chance d'être ici avec lui, d'avoir ses mains chaudes sur mon corps et ses baisers enflammés plein la bouche. Mais honnêtement, je ne savais pas comment je devais me sentir... mon cœur battait à tout rompre. Qu'est-ce que j'allais faire? Devais-je le laisser continuer? Je m'efforçais de me calmer, d'apprécier le moment présent. Après tout, il n'essaierait quand même pas de me déshabiller ici, en plein parc! Alors, pourquoi s'en faire? Parce que je sentais qu'il en voulait plus? Parce que je souhaitais lui en donner plus mais ne savais pas très précisément quoi, ni comment? Je réalisai que j'avais bien rêvé à plusieurs choses, évoqué plusieurs scénarios, mais maintenant que ça arrivait pour vrai, j'étais totalement prise au dépourvu!

J'aurais aimé qu'il me dise quelque chose. J'aurais aimé qu'il me dise... je ne savais pas trop quoi. «Je t'aime beaucoup» peut-être ou «tu veux bien qu'on sorte ensemble?», une phrase du genre, mais il ne disait rien. Je sentais au travers de son pantalon une grosse bosse éloquente que je trouvais flatteuse. Il laissait ses gestes remplacer ses paroles, alors que moi, je rêvais de les entendre...

J'en étais là dans mes réflexions quand ses mains, subitement, ont quitté mon dos pour longer les côtés de mon corps, puis glisser sur mon ventre et, finalement, atteindre mes seins qu'elles ont caressés fermement et doucement à la fois. J'ai tout de suite senti mes mamelons durcir et j'avais envie de me frotter contre lui, j'avais envie de crier.

Je voulais terriblement m'enfuir, désespérément rester... C'était bon… c'était troublant.

Qu'est-ce qu'il pensait ? Que j'étais de la trempe d'Alissia ? Et si je lui demandais d'arrêter, il croirait que je ne suis qu'une petite fille immature. Alors, je l'ai laissé faire. Il a soulevé mon chandail et s'est remis à m'embrasser, sa langue devenant de plus en plus impatiente. Il m'a embrassé le cou, il essayait de retirer mon soutien-gorge, il tâtait ma poitrine, espérant la libérer. Finalement, il a réussi et a aussitôt emprisonné un de mes seins dans sa bouche. Il le léchait, l'embrassait, le mordillait et moi, je voulais mourir. De bonheur, évidemment…, mais aussi de confusion. Je n'avais jamais rien senti d'aussi bon. Rien. Même avec Justin, et pourtant... Je ne voulais pas comparer l'un avec l'autre, c'était injuste, mais je devais avouer qu'avec Justin, j'étais plus sûre de moi, davantage moi-même. Là, c'était comme si j'étais *en dehors* de moi, comme si je m'observais, en attente de ce qui allait se produire.

Sébastien m'a embrassé le cou à nouveau avec tellement de force que c'était même un peu douloureux. Douloureux mais extraordinairement délicieux. Et ça a eu le mérite de me ramener à moi-même, à l'instant présent. Je sentais dans ce baiser-là… ouf ! Je sentais de la passion, peut-être même de l'amour. C'était donc ça, tomber en amour ? C'était bien ce que j'étais en train de vivre ? Il fallait que je sois prudente, je le savais, tant pour mon cœur que pour le reste. Mais je n'en avais vraiment pas envie, pas du tout.

J'avais un peu froid. Le vent d'automne me fouettait le cou, s'infiltrait sous mon chandail, me gelait les cuisses, mais ses mains, elles, étaient brûlantes et me réchauffaient. Elles étaient si chaudes, en fait, que j'étais persuadée qu'elles laisseraient des marques rouges sur ma peau, comme un fer. C'était bien. Comme ça, je me souviendrais. S'il n'était plus intéressé à moi après ce moment magique… eh bien ! je pourrais regarder ces brûlures et me souvenir, me rappeler chaque instant en m'assurant qu'il était bien arrivé.

Finalement, il m'a lâché la bouche, a arrêté de m'embrasser et m'a regardée droit dans les yeux. Ses yeux qui brillaient tant, presque trop. Et il a dit : « Est-ce que tu veux que j'arrête ? »

Je ne savais absolument pas quoi répondre. Ce n'était pas simple... Quoi que je dise, de quoi aurais-je l'air ? Arghhh… Que c'était compliqué, tout ça ! Je savais bien que nous ne pouvions pas rester là éternellement et que nous ne pouvions pas réellement nous rendre plus loin ici. Alors, j'ai dit la seule chose qui me passait par la tête, la vérité, en fait :

— Je sais pas, Sébastien… J'ai envie de continuer, mais ce n'est peut-être pas le meilleur moment, ni le meilleur endroit…

— On pourrait aller chez moi, si tu veux, il ferait certainement moins froid et on serait plus confortables…

Je me sentis coincée. Je n'avais pas prévu ça. Et là, je ne savais réellement plus que dire ! Il a vu mon embarras et m'a embrassée de nouveau. Embrassée fort, très fort, et mon soulagement a été immédiat. Il a rattaché ma blouse tout doucement, m'a caressé les cheveux. C'était tellement, tellement bon !!! C'était exactement ce que je voulais sentir de sa part, que ce n'était pas grave, qu'il comprenait, qu'il n'essaierait pas d'aller trop vite. Il ne manquait plus qu'une chose, qu'il me dise : « Je suis trop bien avec toi, je veux rester avec toi pour toujours ! » mais bon, ce n'était pas très réaliste, il ne fallait tout de même pas que je m'attende à de grandes déclarations romantiques ! Cependant, je devais avouer qu'il m'étonnait. Tout ce que j'avais entendu à son sujet m'avait portée à croire qu'il n'aimait pas trop se faire refuser quoi que ce soit. Mais ce n'était vraisemblablement pas toujours le cas ! Il était si doux et compréhensif avec moi ! Je fis de gros efforts pour cesser de me poser tant de questions. Je ne voulais que savourer le moment.

Nous nous sommes levés, il me prit dans ses bras en me caressant le dos et il m'empoigna les fesses. Je me raidis, me disant : « Ça y est ! Il va recommencer, et je vais être obligée de lui demander d'arrêter, et je vais avoir l'air d'une petite allumeuse idiote ! » Mais je me trompais. Lentement il m'a dégagée, a pris ma main et nous avons marché, lentement, vers la voiture. Sans dire un mot. Pas un seul. Je n'en ressentais absolument pas le besoin. Je voulais juste revivre dans mon cœur ce qu'il venait de se passer et peut-être un petit peu m'énerver au sujet de la suite… Car je savais maintenant qu'il y en aurait une, une suite !

En arrivant devant chez moi, Sébastien m'embrassa de nouveau. Je voulais rester là. Et je savais que j'avais bien fait de lui demander de me raccompagner. Je venais sans doute de gagner son respect ; il verrait bien que je n'étais pas comme les jupettes, que je méritais ce qu'il y avait de mieux : lui !

* * *

La journée du lendemain se passa de façon bizarre. Dès mon réveil, je sentis que j'allais exploser si je ne racontais pas ma soirée de la veille à quelqu'un. Comme j'avais passé une bonne partie de la nuit à revivre cette magie, j'étais passablement amochée, mais je flottais sur un nuage de bien-être total. J'avais un trop-plein d'émotions qui devaient s'épancher, mais Mélo boudait toujours et il n'était pas question que je confie mes aventures à quiconque lié, de près ou de loin, aux AAA. Jamais! Je trouvais qu'elles étaient déjà un peu trop au courant de ma vie. Et je les connaissais suffisamment pour savoir qu'elles se délecteraient de tout ça, déformeraient la vérité et propageraient tous ces détails intimes aux quatre coins de l'école. Et puis, ça ne les regardait pas! C'était quelque chose qui me touchait de trop près pour que j'en parle à ces commères!

Cependant, je me rendis vite compte à quel point elles étaient déjà beaucoup plus impliquées dans mon destin que je le croyais et que je perdais mon temps à tenter de garder ce secret si cher...

Chapitre 8

Questions et décisions

J'ai presque raté l'autobus ce vendredi matin. J'avais le souffle court quand je me suis laissée tomber sur le siège à côté d'Alissia. Dès son premier regard, je sentis qu'elle essayait de me faire parler. Je restai assise sans rien dire, tentant de m'intéresser aux autres conversations tout le long du trajet. Je refusai obstinément de dire quoi que ce soit. Mais juste avant le dîner, alors que je déposais mes affaires dans mon casier, elle s'approcha et revint à la charge :

— Dis donc, toi, tu me caches des choses ?

Elle souriait malicieusement.

— Non, rien du tout, pourquoi ?

— Ahhh ! alors, t'as simplement « oublié » de me dire que t'avais vu Sébastien hier soir ?

Décidément, je n'allais pas m'en sortir. Comment avait-elle pu le savoir si vite ? Elle lui avait parlé ? Peut-être avait-elle eu envie de passer la soirée avec lui, mais avait appris qu'il était déjà sorti ? Ou était-ce lui qui lui avait fait part de ses projets de venir me chercher ? Je n'osais cependant pas m'avancer trop loin. Je n'avais, après tout, aucun compte à rendre à qui que ce soit! J'entendis clairement dans ma tête un signal d'alarme se déclencher. Je choisis de rester sur mes gardes.

— Oui, un peu, pas longtemps. Comme tu t'en doutais, il m'a parlé du party, m'a même dit qu'on allait jouer! Tu te rends compte?

J'essayais d'avoir l'air détendue, mais avec tout ce qui s'était passé, j'avais presque oublié ce «détail», le party d'Halloween! D'un seul coup, mon corps se couvrit de chair de poule.

— Je t'avais bien dit qu'il t'en parlerait bientôt! Mais, dis-moi, ajouta-t-elle, plus mielleuse encore, c'est tout ce qui s'est passé?

Ahh... Elle commençait à vraiment m'énerver. Malgré moi, je me sentis rougir.

— Oui, bien, euh... Écoute, je n'ai pas envie d'en parler, d'accord? Il ne s'est rien passé, vraiment.

— D'accord, comme tu veux, c'est pas grave! J'ai tous les détails: Sébas est venu chez moi après t'avoir déposée et il m'a tout raconté!

— Il a QUOI!!!!!

— Il m'a tout raconté, ma belle, alors inutile de t'en faire, je sais tout!

Elle souriait de toutes ses dents, que je trouvai tout à coup très semblables à celles d'un requin fonçant sur sa proie.

— En tout cas, je voulais juste te dire que j'ai rarement vu Sébastien être aussi patient avec une fille ! Il m'a même dit que t'avais pas voulu aller chez lui...

— Quoi ! Il t'a dit ça ?

— Bin oui, il me raconte pas mal de choses... on est amis, tu te rappelles ? Eh bien ! Tu dois être spéciale parce qu'il m'a dit qu'il avait envie d'être patient et de voir ce qui allait se passer. Wow ! du jamais vu ! D'habitude, il se désintéresse assez vite d'une fille si elle ne lui tombe pas dans les bras tout de suite. C'était risqué, mais ta stratégie a bien marché ! Mais ne le fais pas trop attendre, quand même, je ne sais pas combien de temps exactement il va pouvoir patienter... tu vois ce que je veux dire ?

Sur ce, elle me décocha un clin d'œil qui me fit l'effet d'un poignard. Je me sentais plus troublée que jamais. Se pouvait-il que Sébastien me trouve réellement assez spéciale pour attendre que je sois prête à aller plus loin avec lui ? Cette idée me plaisait énormément. J'étais peut-être vraiment celle qu'il avait toujours cherchée. Mais d'un autre côté, sa relation avec Alissia était des plus étranges. Je n'étais pas certaine que j'aimerais me retrouver dans une relation sérieuse avec Sébas s'il lui racontait tous ses secrets. Ça me semblait un peu trop intime, quand même !

Finalement, il y avait une question que je me posais, et cette révélation d'Alissia ne fit que la rendre encore plus pressante. Elle s'était glissée en moi sournoisement, sans que je m'en rende compte, et je devais admettre qu'elle commençait à sérieusement me tracasser et qu'il fallait bien que je la prenne en considération, tout de suite: était-ce avec lui que je voulais vivre ma « première fois » ?

J'en avais mal au ventre. « Ta première fois, tu vas t'en rappeler toute ta vie! » Oui, Nadia, je sais. Je pensais seulement que ce serait plus clair, du genre trompettes et tambour: « Oui, c'est lui, le gagnant! » Ce n'était pas clair du tout et, surtout, j'avais l'impression de manquer de temps, d'être bousculée et de ne plus tout à fait avoir le contrôle de la situation. Et ça, je n'aimais pas ça. Bon. Ne sachant trop que faire pour l'instant, je me dis que si Sébastien était capable « d'attendre de voir où les choses iraient », je pouvais bien en faire autant!

* * *

La répétition du vendredi se passa bien, au-delà de nos espérances. Comme le party représentait un but précis, je sentais que tous étaient sérieux, travaillaient efficacement, et le résultat se faisait entendre. En me raccompagnant à la fin de la soirée, Sébastien m'embrassa longuement mais ne fit rien d'autre. Je fus un peu déçue lorsqu'il me dit que Yannick l'attendait pour sortir dans un bar, voir un *band* apparemment très bon...

— C'est notre principal compétiteur, il paraît, je veux voir ça !

Il me souhaita bonne nuit, m'embrassa de nouveau et partit. Était-ce seulement sa façon de se montrer « patient » ou avait-il mieux à faire ? Encore des questions, toujours des questions ! Et pas de Mélo pour m'aider à y voir clair... Je ne savais plus ce qui était normal, ce qui ne l'était pas, si je devais m'inquiéter ou non...

Les jours suivants passèrent sans trop d'événements. Sébastien était très attentionné et gentil avec moi, mais nous n'avions pas vraiment d'occasions de nous retrouver seuls, tous les deux. Il y avait toujours quelque chose ou quelqu'un qui s'interposait et, il fallait bien me l'avouer, j'étais inquiète. Il m'avait bien invitée au cinéma, mais je venais tout juste de promettre mes services à la voisine pour du gardiennage. Je faillis rompre mes engagements, mais ma mère me fit comprendre que ce ne serait vraiment pas une bonne idée. Je me sentais prise au piège ou plutôt, comme un animal en cage... ce qui est à peu près la même chose, finalement !

* * *

Les jours passèrent. Le party d'Halloween approchait et j'étais fébrile. Le groupe devenait de plus en plus prêt et je sentais que nous pourrions en épater plusieurs. Mon excitation à l'idée de jouer ce soir-là avait presque relégué Sébastien au second plan. Pas tout à fait, mais presque... Je sentais son regard sur moi, durant les répétitions, et j'en avais des frissons. Mais je n'aurais pas vraiment pu dire ce qui provoquait ces frissons au juste. J'étais très flattée de son désir, et il me le manifestait clairement dès que l'occasion se présentait, c'est-à-dire chaque fois qu'il me raccompagnait à la maison. Nous passions alors de longs moments dans sa voiture à… disons, à faire toutes sortes de choses franchement délicieuses. Il ne m'avait pas invitée chez lui depuis le soir du parc et j'en étais confusément déçue... en même temps que soulagée. Ces moments dans la voiture me laissaient souvent toute mélangée, car même s'ils étaient brefs, ils étaient plutôt intenses. Ses caresses devenaient insistantes et ses mains de plus en plus téméraires. Je ne protestais pas, mais je ne l'encourageais pas non plus…, en fait, il s'encourageait lui-même ! Peut-être, justement parce que je ne protestais pas, se disait-il qu'il avait le feu vert pour continuer ?

Je sentais bien, par sa façon de me toucher, qu'il devenait de moins en moins patient et je me disais qu'ainsi, en évitant de nous retrouver dans des endroits aussi compromettants que sa chambre à coucher, il avait sans doute moins de mal à exercer sa patience... Cependant, même dans ces circonstances, les choses faillirent déraper. Il ne restait que deux jours avant la fameuse fête d'Halloween et, en me conduisant chez moi ce soir-là, il fit un détour par la grande route qui ceinture la ville et trouva un endroit désert. Là, il coupa le moteur et nous avons commencé à nous embrasser. Puis, il sortit de la voiture et me fit monter à l'arrière avec lui. Il faisait froid, j'avais très envie de sa chaleur et surtout, d'être rassurée, d'avoir, en quelque sorte, la certitude qu'il ressentait toujours ce quelque chose de spécial pour moi.

Il s'étendit sur la banquette et je m'étendis sur lui, tout contre son corps. Malgré le manque d'espace, ses mains me massaient le dos, me palpaient les fesses et, oui, je pouvais très bien sentir son désir là, en bas, contre mon ventre. Il écrasait mon bassin contre le sien, plaquant mes hanches contre son érection évidente, et cherchait à me caresser les seins en même temps... comme s'il essayait de tout faire avec seulement deux mains ! Nous avons inversé nos positions et il s'est frotté à nouveau tout contre moi, ses cheveux soyeux me chatouillant le visage tandis que ses mains chaudes réchauffaient mes seins frissonnants. Son érection était presque douloureuse contre ma cuisse, mais je ne m'en plaignais absolument pas ! C'était un signe si éloquent qu'il était heureux d'être là, autant que moi, et que je l'excitais…

Il m'embrassait profondément, avec une impatience palpable, et je commençais à réellement me demander ce qui allait se produire. Il détacha ma blouse, poussa les bretelles de mon soutien-gorge, embrassa mes seins, les mordit même. Je poussai un petit cri qu'il sembla ignorer. Il me faisait bien un peu mal, mais… j'adorais sa passion, je me sentais belle, désirable. Je n'avais plus froid du tout, j'étais plutôt en proie à une chaleur intense, née autant du plaisir qu'il me procurait que du léger mais bien réel sentiment d'interdit, de danger, d'urgence, qui m'envahissait.

Sébastien guida ma main entre ses jambes. Sa verge était réellement dure et… si grosse ! Comme je ne savais pas trop ce que Sébas attendait de moi, je me contentai de la caresser au travers de son jean. Avant que je m'en rende compte, il avait défait sa fermeture éclair et s'était dégagé de l'encombrant vêtement ; je me retrouvai avec son pénis dans la main, indécise, me sentant si ignorante tout à coup… Je laissai mes doigts l'entourer tout doucement et il sembla l'apprécier, car il m'embrassa avec encore plus de fougue. Ma main s'activa, imprimant un mouvement de haut en bas le long de son membre dressé, et il grogna de plaisir. Je me demandai si mes mains étaient trop froides et, surtout, ce que je devais faire ensuite... Il s'empara tout à coup de mon jean et le détacha. Je paniquai. Ma main se figea, mon cœur aussi.

— Tu ne veux pas ?

— Euh… ici ? Maintenant ?

Il soupira bruyamment. Puis :

— D'accord, mais j'ai besoin de sentir ta peau…

Il écarta l'ouverture de mon pantalon, tentant de faire glisser celui-ci sur mes hanches, et tout à coup j'eus peur. Ne lui faisais-je pas confiance ? Il avait compris, n'est-ce pas ? Il n'avait pas semblé trop contrarié, mais je me sentais incroyablement vulnérable, à sa merci. Qu'est-ce que je ferais s'il décidait d'ignorer mes objections ? Je le repousserais ? Et je ferais ça comment, au juste ? Il m'écrasait de tout son poids et je pouvais à peine bouger…

Je m'inquiétais pour rien. Il frotta sa verge, chaude et dure, contre mon ventre, s'empara à nouveau de ma main et je le caressai, de plus en plus vite, de plus en plus fort. Il m'embrassait le cou, soufflait à mon oreille… ses mains me broyaient les seins, les écrasaient, presque trop rudement, et il m'encourageait en murmurant des mots que personne ne m'avait encore jamais chuchotés ainsi.

Ses hanches se balançaient en un rythme de plus en plus prononcé et je sentis son pénis durcir encore davantage et, bien que je ne l'aie pas cru possible, il me sembla même grossir considérablement. Puis, je sentis Sébastien se cambrer en même temps qu'il poussa un long et profond soupir et me mordit le cou. Ça y était. Son corps entier tressauta et il s'épancha en un jet chaud sur mon ventre.

Il resta étendu sur moi le temps de reprendre sa respiration. Le temps que j'essaie, moi, de remettre de l'ordre dans ma tête, dans mon cœur et dans mon corps. C'était chaud. C'était gluant. C'était donc ça? Je ne pus m'imaginer que, dans cette petite flaque visqueuse s'agitaient des millions de spermatozoïdes, comme autant de minuscules microbes qui auraient bien voulu se retrouver dans mon corps plutôt que sur mon ventre... Cette pensée me fit presque paniquer pour de bon. Je me sentais un peu dégoûtée de l'odeur, qui me fit brièvement penser à de l'eau de javel, et me disais que cette fois, j'étais vraiment passée très proche de faire LA chose. Mais en fait, c'était tout comme... Quelle différence y avait-il, vraiment, entre ça et faire l'amour? C'était au moins aussi sexuel et certainement aussi intime! Encore des millions de questions...

Je préférai donc m'attarder sur autre chose. Il était venu, là, sur moi. Ma peau l'avait suffisamment excité pour qu'il éjacule, pour qu'il explose ainsi. C'était flatteur, mais... je me sentis vaguement déçue. Et moi, là-dedans ? Est-ce que j'avais ressenti autant d'excitation que lui ? Je n'en avais pas la moindre idée. Mais ce que je savais, c'est qu'à part de doux frissons et une chaleur intense au bas du ventre, il n'y avait certainement pas de quoi en faire tout un plat...

Sébastien chassa mes encombrantes réflexions en se relevant tant bien que mal. Puis, il prit un mouchoir et m'essuya doucement le ventre. Il m'embrassa et dit :

— Il faudrait bien que je te raccompagne à la maison, il est tard. J'aurais pourtant bien envie de rester avec toi...

— Moi aussi, j'aimerais bien rester ici avec toi...

— Bientôt, petite Saja, en fin de semaine, si tu veux. Tu vas voir, le party va être génial, tu vas être la vedette de la soirée, et de ma nuit peut-être... Tu peux t'organiser pour dormir chez Yannick ?

Je restai silencieuse quelque temps. Tout allait encore trop vite. La nuit ? Il voulait que je passe la nuit avec lui !!! Toutes sortes d'images se bousculaient dans ma tête. J'étais folle de joie à l'idée qu'il ait envie de passer la nuit avec *moi*. Il voulait donc que je sois sa petite amie, c'était maintenant tout à fait clair ! Mais ce petit doute idiot que je n'arrivais pas à chasser revenait sans cesse me hanter. Était-ce bien ce que je voulais, moi ? Au-delà de la flatterie et de l'idée de pouvoir me pavaner à son bras, étais-je vraiment amoureuse de lui? Étais-je vraiment prête à passer *toute la nuit* avec lui? À devenir une «femme» avec lui? Toutes ces interrogations me rongeaient. C'était compliqué, et surtout, trop rapide. Je me dis une fois de plus que j'aurais aimé apprendre à le connaître encore un peu le temps d'être certaine qu'il était amoureux de moi et pas seulement attiré physiquement. Je le connaissais pourtant depuis plus d'un mois, mais il était encore, sur de nombreux points, un étranger. Tant de choses à son sujet m'échappaient! Nous n'avions que rarement l'occasion de parler de nous, de nos rêves, de nos espoirs. Je ne savais pas vraiment qui il était. Nos moments ensemble étaient bien davantage ponctués de caresses que de confidences... J'aurais voulu savoir d'avance qu'en passant la nuit avec lui, tout se concrétiserait. Nous serions «un couple» et tout serait fantastique. Je n'en étais vraiment pas sûre. Je voulais bien ignorer les ragots, mais ce que j'avais entendu sur lui n'était pas très convaincant. Mais j'étais sans doute un peu trop prudente, et il était peut-être temps que je laisse les ragots se taire et que j'apprenne par moi-même à connaître Sébastien. Ouais... Sauf que si, pour cela, il fallait y laisser ma virginité, est-ce que cela en valait vraiment la peine? Arrgghhh. J'aurais tant voulu pouvoir démêler tout ça avec Mélo!!! En attendant, Sébastien attendait une réponse.

— Je... je ne sais pas, je ne m'attendais pas vraiment à ça... je verrai ce que je peux faire.

Il sembla satisfait de ma réponse et m'embrassa de nouveau.

Le trajet du retour se passa en silence. Il me tenait la main et conduisait vite, mais prudemment. Je regardais les lumières défiler, perdue dans mes pensées. D'un côté, j'avais tellement envie de passer la nuit chez Yannick, dans les bras de Sébastien. Mais de l'autre, je me demandais bien comment j'allais faire. Ma mère ne serait certainement pas d'accord! Elle savait bien qu'il y avait une fête, mais de là à me permettre d'y passer la *nuit*, il y avait tout un monde! Ça méritait de la réflexion et de la planification...

Si Mélo était là et qu'elle passait la nuit là-bas elle aussi, j'arriverais peut-être à convaincre ma mère. Mais Mélo semblait inaccessible. Tout à coup, ce malentendu me sembla absurde. Il fallait absolument que je trouve le moyen de la retrouver. Et pas seulement pour m'aider à passer ma première nuit avec mon amoureux, mais parce qu'elle me manquait terriblement et que je regrettais amèrement de l'avoir blessée. Il fallait absolument que je lui parle, qu'elle accepte de me laisser m'excuser. Elle comprendrait tout, enfin. Et au sujet de Sébastien, elle me donnerait son point de vue, nous pourrions peser le pour et le contre… ensemble.

En arrivant à la maison, j'étais tout à fait décidée et, malgré l'heure avancée, je décidai de téléphoner à Mélo. Je pris une profonde inspiration, me préparant à m'excuser, à lui dire qu'elle avait eu raison d'être fâchée, que je regrettais de l'avoir, bien malgré moi, blessée. Mes bonnes intentions furent inutiles lorsque sa mère me répondit qu'elle était partie au cinéma avec Jonathan. J'étais déçue, mais réellement heureuse pour mon amie. Jonathan lui plaisait tellement ! Je suppliai sa mère de demander à Mélo de me téléphoner, même si elle rentrait tard. Lorsque je me mis au lit, il était presque onze heures trente, et Mélo n'avait toujours pas donné signe de vie.

* * *

Je passai les deux jours suivants à essayer de la joindre. À l'école, elle mangeait avec Jonathan, et ils semblaient filer le parfait bonheur. Je ne trouvais pas de façon de l'aborder, de lui faire comprendre que j'avais terriblement besoin d'elle, que notre réconciliation était essentielle. Elle était dans sa bulle, amoureuse et rancunière. J'avais beau me dire que je l'avais bien mérité, j'en étais quand même, à mon tour, blessée.

La fête approchait et je n'avais toujours pas pu

prendre de décision. C'est ma propre mère qui, sans le savoir, me permit de faire pencher la balance en faveur de Sébastien.

— Je sais que c'est ta fête d'Halloween, samedi, mais Michel et moi avons été invités à souper chez Sylvie ; elle veut nous présenter son nouvel amoureux. Puisqu'elle habite un peu loin et qu'on risque de boire du vin, on pensait dormir chez elle. Est-ce que ça te dérange, ma grande ? Mélo y va, à cette fête ? Tu pourrais peut-être aller dormir chez elle ? Tu sais comment elle avait prévu rentrer ? Est-ce que vous comptiez sur moi ?

— Euh... non, on ne comptait pas sur toi. Je crois bien que ses parents vont venir la chercher ou alors on va prendre le dernier bus. Sébastien a aussi offert de nous raccompagner. C'est vrai que l'idéal serait que je passe la nuit chez elle. Je vais lui en parler, mais je suis sûre qu'il n'y aura pas de problème.

Je n'en croyais pas mes oreilles. Je n'avais aucun problème à passer la nuit seule à la maison — c'était arrivé quelques fois —, mais ma mère savait bien que je préférais, et de loin, passer la nuit chez Mélo. Et là, elle venait de me tendre la solution à tous mes problèmes sur un plateau d'argent. Je trouvais étrange qu'elle n'ait même pas remarqué que Mélo n'était pas venue à la maison depuis un bon bout de temps, mais je n'osai pas en parler, tout allait trop bien! Elle me tendit encore une perche parfaite:

— Tu m'as bien dit l'autre jour que Mélo avait un petit ami? J'imagine que c'est pour ça que je ne l'ai pas vue depuis un moment... Elle doit te manquer!

— Euh... oui, bien sûr, t'as pas idée! Mais je suis contente pour elle, et avec le *band,* je manque de temps de toute façon...

Elle n'ajouta rien, sembla songeuse. Elle me jeta ce petit regard qui semblait dire: «Je te comprends, mais ne sois pas triste, tout redeviendra comme avant, très bientôt!» Puis, elle poursuivit:

— Hmmm! laisse-moi savoir, chérie. Tu sais, je me doute bien que Sébas prendra au moins quelques bières, et ce n'est pas un problème tant qu'il ne conduit pas sa voiture avec ma fille dedans! Alors, je serai plus tranquille quand tu me confirmeras que les parents de Mélo iront vous chercher, d'accord? Sinon, je te laisserai de l'argent et tu pourras rentrer en taxi, je préférerais ça à savoir que t'es dans une voiture avec quelqu'un qui est peut-être dans un état... douteux.

— Ouais, c'est bon…

— Tu préfères que je téléphone aux parents de Mélo ou tu t'arranges?

— Non! Non, ça va, je lui parle et je te confirme que tout est OK.

Je me sentais horriblement mal. Je venais de mentir à ma mère… Je n'avais même pas pris la peine de la mettre au courant de ma dispute avec Mélo et, en plus, je lui mentais. Elle me témoignait une belle sympathie toute maternelle, et je lui mentais encore. Mais qu'est-ce qui me prenait ? Je n'avais jamais menti à ma mère auparavant et voilà que je le faisais avec un naturel perturbant. Je me consolai en me disant que je n'avais quand même pas tout manigancé à l'avance. Il ne me serait pas venu à l'idée de lui cacher des choses dans le seul but de la rassurer, pour qu'elle parte dormir tranquille chez son amie. Je n'étais tout de même pas devenue aussi malhonnête !

Je devais toutefois admettre que tout ceci me simplifiait beaucoup les choses. Il ne restait plus qu'à mettre Mélo au courant… léger détail ! Si elle pouvait seulement me rappeler ! J'étais convaincue que si nous pouvions nous parler de vive voix, les choses se régleraient d'elles-mêmes. En fait, il me fallait admettre que passer la nuit chez Mélo était l'option qui m'attirait le plus. Mais comme les choses ne paraissaient pas vouloir se régler entre nous, ça me semblait peu probable. Alors, j'examinai où j'en étais. Je pouvais : 1) choisir de passer la nuit avec Sébas et dire à ma mère que j'étais allée chez Mélo. Il me suffirait de m'arranger pour être de retour à la maison tôt dimanche matin pour éviter d'éveiller les soupçons de ma mère; ou 2) décider que je n'avais pas envie de rester et trouver un prétexte quelconque à raconter à Sébas. Là, je rentrerais tranquillement chez moi, avec Sébas ou en taxi, et je n'aurais pas d'autres mensonges à raconter à ma mère. C'était si simple! Pas besoin, après tout, de prendre une décision tout de suite. J'allais donc, une fois de plus, me contenter de voir où les choses allaient me mener…

Chapitre 9

Le party d'Halloween

Je m'étais réveillée tôt, le samedi matin, et j'avais passé la journée dans un état de fébrilité extrême. Je n'en pouvais plus d'attendre le soir, le grand soir ; je ne tenais plus en place. Je ne savais pas si c'était le spectacle ou l'éventualité de ce qui allait se produire avec Sébas qui m'excitait le plus, mais ça n'avait pas d'importance. Mon costume était prêt : je serais déguisée en femme-chat, assez sexy sans avoir l'air cheap, dévoilant amplement mes jambes et mon décolleté pour plaire à mon amoureux sans toutefois en faire trop, comme le ferait sans doute un certain trio de jupettes. Je me demandais bien de quoi elles auraient l'air, celles-là ! Sans doute mettraient-elles le paquet : l'occasion d'être encore plus provocantes qu'elles l'étaient normalement était trop belle. Oui, elles allaient certainement en mettre plein la vue et s'assurer que tous les gars sur place auront la langue pendante. J'espérais bien que Sébas ne se laisserait pas prendre au jeu et qu'il n'aurait d'yeux que pour moi...

Toute la journée, les secondes durèrent des

minutes, les minutes des heures et les heures une éternité. Je tentai de m'occuper à toutes sortes de choses pour faire passer le temps, faisant des vocalises, révisant les paroles des chansons que nous allions jouer, allant même jusqu'à accomplir un tas de petites tâches idiotes et inutiles simplement pour me calmer. Je mis de l'ordre dans mes tiroirs, classai de vieilles photos… et passai même l'aspirateur dans toute la maison. Ceci me valut un haussement de sourcil sarcastique de la part de Michel. J'avais hâte qu'ils partent, tous les deux, faisant enfin arriver le moment où je devrais m'habiller. Je n'en pouvais plus de tourner en rond.

Entre mes diverses tentatives de distraction, je tentai sans succès de joindre Mélo au moins une bonne douzaine de fois en m'assurant, chaque fois, que ma mère n'était pas dans les parages. Elle répondit finalement à mon appel en fin d'après-midi. Je lui demandai si nous pouvions nous voir, l'implorai presque. Elle me dit qu'elle allait souper avec Jonathan avant d'aller chez Yannick.

— Tu seras là ce soir ? *Yesssss !* On va pouvoir se parler un peu ? J'ai comme des excuses à te faire…

— Oui, je serai là, mais toi, je ne suis pas sûre que tu seras très disponible. Enfin, on verra… Tu n'as pas d'excuses à me faire, c'est moi qui ai agi en bébé. Tu vis ta vie, t'as pas de permission à me demander…

— Oui, j'en ai. T'es mon amie. La meilleure amie que je n'ai jamais eue et, sans le vouloir, je t'ai blessée. J'étais tellement prise dans toute cette nouvelle aventure que j'ai perdu de vue ce qui était vraiment important. Toi. Et je m'ennuie tellement! J'aurais trois ou quatre millions de choses à te raconter, et je veux tout savoir de ce qui se passe avec Jo ! Tu ne peux pas savoir!

— Oui, je sais, moi aussi. Écoute, je peux juste te dire que je suis vraiment, complètement amoureuse de lui. Il est encore plus merveilleux que tout ce que j'aurais pu imaginer. Il est… il est parfait. Il me traite comme une reine, me dit qu'il m'aime environ six cent cinquante-neuf fois par jour, m'apporte des fleurs… c'est comme un conte de fées! Et toi, où en es-tu avec le beau Sébastien ? L'as-tu bien pris dans ton filet ?

J'entendais son sourire un peu moqueur au bout du fil et j'imaginais très bien son petit air taquin. J'aurais tant voulu qu'elle soit là, tout près de moi. Je réalisai une fois de plus à quel point elle me manquait.

— Je… je sais pas trop. Je sais qu'il m'aime bien, qu'il est très attiré par moi. On a eu quelques épisodes, disons… euh…

— Quoi !! T'as pas…

— Non, non, pas encore. Mais je sais qu'il voudrait bien, et moi je sais pas, je pense bien que oui, je serais folle de pas en avoir envie. D'ailleurs, ce soir, il veut que je passe la nuit chez Yannick…

Mélo demeura silencieuse. Elle encaissait le choc. C'est d'une voix calme, lente et grave qu'elle reprit :

— Il veut que tu passes la nuit chez Yannick. Avec lui.

— Oui, mais je sais pas, je trouve que c'est trop tôt. Mais peut-être pas, je sais plus rien.

— Alors, dis-lui ! Dis-lui que t'es pas prête ! Dis-lui, Saja, s'il tient à toi, il va comprendre ! Sinon, il n'en vaut pas la peine !

Mélo semblait énervée, presque indignée, mais aussi terriblement inquiète.

— Je sais, je sais tout ça, Mélo. Mais Alissia a dit qu'il avait déjà été plus patient avec moi qu'avec n'importe quelle autre fille…

— Ah bon ? Qu'est-ce qu'Alissia a à voir là-dedans ?

L'inquiétude venait définitivement de se transformer en colère. Une colère contenue, peut-être, mais une colère quand même.

— Rien, elle n'a rien à voir là-dedans du tout. Elle m'a juste dit ça parce qu'elle le connaît bien et que…

— Saja, fais pas de conneries… Si tu sens que c'est pas le moment, c'est que ce n'est pas le moment. Ou pas le bon gars. Mais si tu décides de faire à ta tête et que tu passes la nuit avec lui, pour l'amour du ciel, apporte des condoms !!!

Oui, bien sûr, des condoms. Évidemment, des condoms. Ça allait de soi... Alors, comment se faisait-il que je n'y avais pas pensé ? Arghhhh. Quoi ? C'était à lui d'y penser, non ? Je me trouvais complètement idiote. À croire que c'était là le signe que je n'avais pas vraiment, après tout, l'intention de passer à l'acte. À lui d'y penser. Pfff ! Comme si c'était lui qui pouvait tomber enceinte ! Comme si c'était lui qui pouvait attraper quelque chose de moi ! Bin oui, l'immaculée ITS.

Devant mon silence, Mélo poursuivit :

— Ne me dis pas que t'avais pas pensé à ça ? SAJA !!!! Qu'est-ce que je vais faire de toi ? Tu vas me faire le plaisir d'en trouver, et tout de suite ! Même si t'es pas tout à fait décidée, sois préparée, juste au cas. Promets-le-moi !

— OK…

Je balbutiai cette réponse en me demandant comment j'allais trouver le courage de le faire. La journée avait fini par passer, il se faisait tard…

Puis, comme par une inspiration divine, je me souvins du condom que l'infirmière du CLSC m'avait donné à sa dernière visite à l'école et que j'avais caché au fond de mon sac à dos. Ouf !

— Tout est sous contrôle, Mélo. J'ai ce qu'il faut.

— Bon, si tu le dis, j'ai pas d'autre choix que de

te croire. Mais j'y pense, comment est-ce que t'as réussi à faire accepter ça à ta mère ?

Et vlan ! Une autre gifle.

— Euh, bin... c'est-à-dire que...

— C'est à dire que quoi, Saja ? Allez, crache le morceau !

— Elle et Michel vont souper chez Sylvie et je lui ai dit que...

Je pris une profonde, très profonde inspiration avant de poursuivre :

— ... que tes parents pourraient me déposer ou que je pourrais... dormir chez toi.

— Quoi !? Mais qu'est-ce qui t'a pris ? Et comment as-tu pu me mêler à ça ?

Nouveau silence de Mélo. Décidément, ses effets sonores laissaient à désirer. Elle reprit plus calmement :

— Hmmm ! Ça pourrait marcher... si ta mère ne parle pas à mes parents ! Saja, t'as pas toute ta tête, on dirait...

— Non, peut-être pas. Je t'ai dit, je sais plus rien de rien...

— Bon. Écoute, faut que j'y aille. On se voit chez Yannick ? Je serai là vers neuf heures, neuf heures et demie, OK ? À plus…

— À plus… Mélo. Je suis contente qu'on se soit parlé…

— Moi aussi. Il était temps !

Ma mère vint peu après me dire au revoir et me faire les trois cents recommandations d'usage. Les « sois raisonnable » succédèrent aux « téléphone-moi pour me dire quand tu seras chez Mélo ! » et aux « si t'es mal prise, prends un taxi et appelle-moi, à n'importe quelle heure ! » À tout ça, je répondais docilement, « oui, maman », « bien sûr, maman ». Et, enfin, ils partirent.

Je me précipitai dans ma chambre, fouillai fébrilement dans mon sac à dos à la recherche du damné condom et le trouvai enfin. Je l'examinai attentivement, me demandant si je saurais m'en servir le moment venu, si Sébas en aurait, et tant d'autres questions... Est-ce que j'aurais mal ? Comment les choses se passeraient-elles, au juste ? Finalement, je mis le condom dans mon porte-monnaie entre une photo de Stefany et une autre de Mélo.

Il était l'heure de m'habiller. J'enfilai ma camisole et mon collant, puis mes longues bottes noires. J'installai ensuite la queue et plaçai les oreilles pointues. Ah ! Le maquillage, maintenant. Capital ! Je pris mon temps et fus satisfaite du résultat. Avec un peu d'imagination, je trouvais que j'avais l'allure d'une *catwoman* tout à fait digne de ce nom... Pourvu que Sébas me trouve à son goût !

Il arriva un peu avant sept heures. À son regard, je sus que l'effet était des plus réussis. Il me regarda si intensément que j'en fus au moins aussi gênée que flattée.

— Sébas, t'es pas déguisé !

— Pas encore, je ferai ça tout à l'heure… toi, par contre, t'es magnifique !

Il m'embrassa et je ressentis dans sa bouche une insistance, une sorte de gourmandise que je n'avais jamais encore décelée, même pas la fameuse fois dans la voiture. Il ne put s'empêcher de me caresser avec insistance, me frottant les cuisses et les fesses, en m'embrassant avec de plus en plus d'ardeur. Je sentis son érection une fois encore et me félicitai de mon choix de costume…

— T'es chanceuse que les autres nous attendent. On dirait qu'on est tout seuls, en plus ! Je resterais bien ici un petit moment…

J'enfilai mon manteau et le suivis dans la voiture. Nous avons roulé une vingtaine de minutes jusqu'à un quartier que je ne connaissais pas. La maison des parents de Yannick était toute décorée, tant à l'extérieur qu'à l'intérieur. Sébastien me raconta qu'ils en faisaient un peu trop, mais c'était leur habitude depuis que les enfants étaient petits. Même après que ceux-ci aient grandi, les parents ont continué à rivaliser avec le voisinage pour le plaisir d'amuser les enfants du coin. L'intérieur était très réussi : toutes les pièces de la grande maison étaient décorées et l'immense sous-sol où la fête aurait lieu ne faisait pas exception. Des ampoules noires rendaient l'atmosphère mystérieuse, et des squelettes, zombies, momies et autres créatures étaient camouflés dans les coins pour nous surprendre à chaque pas. Il y avait un petit espace réservé à l'orchestre où Frédérick achevait de disposer sa batterie. Yannick avait installé quelques spots rouges et ocre pour éclairer la scène. Ma nervosité augmenta d'un cran ou deux, mais j'étais aussi très excitée !

Sébastien m'offrit une bière que j'acceptai cette fois avec gratitude, me disant que ça me calmerait sans doute et me mettrait dans l'ambiance... Je trouvais le goût aussi répugnant que d'habitude, mais je l'avalai quand même.

Après un moment, Yannick me demanda de faire un test de son. Ma voix sortait des haut-parleurs riche, intense, avec une réverbération des plus flatteuses. Nous avons joué une pièce pour permettre de bien ajuster tous les micros ; j'étais surexcitée. Ma voix sonnait comme celle de mes artistes préférées, mais c'était de ma bouche, ma bouche à moi qu'elle sortait! J'avais tellement hâte au spectacle !

Les gars montèrent se changer. Je ne fus pas vraiment étonnée de voir Yannick habillé en Hell's Angel... il en avait la stature. Vêtu de cuir noir, la repousse de sa barbe bien touffue, portant des verres fumés et des bracelets cloutés, le Prince des ténèbres n'en était que plus intimidant ! Frédérick, lui, était devenu un mafioso, à la fois élégant et mystérieux. Il avait fière allure. Quant à Jérôme, il portait une cape et des dents de vampire. Convenu, mais efficace. Quand je vis Sébastien descendre, je ne sus trop que penser. Torse nu, il portait un pantalon de cuir rouge tellement moulant que je pus très bien voir qu'il ne portait rien en dessous. Il s'était peint des traces d'égratignures sanglantes sur le torse et au visage et des marques noires comme de la suie. Ses sourcils étaient noircis, le contour de ses yeux également, et deux cornes, petites mais impressionnantes, dépassaient de sa toison en bataille. Le Diable, oui, c'est tout à fait ce dont il avait l'air...

Frédérick passa près de moi et me dit d'un ton que je devinai plus sérieux que ne l'était son intention :

— Il paraît que, pour certaines personnes, les déguisements sont l'occasion parfaite de montrer leur vraie nature... Prends garde à toi, petit chaton !

Cette remarque me fit frissonner. Pourquoi avais-je l'impression que tout le monde me disait de me méfier de Sébastien ? Je secouai les épaules, tentant de dissiper ce nouveau malaise. Cette soirée offrait tant de promesses !

Les invités commençaient à arriver, en paires parfois mais surtout en groupes, et bientôt il devint difficile de circuler. J'attendais l'arrivée de Mélo avec impatience, ayant terriblement envie de me jeter dans ses bras pour m'assurer que tout était bien redevenu comme avant, que nous étions à nouveau les meilleures amies du monde. Sébastien, quant à lui, m'étonnait. Il me présentait à plein de gens que je ne connaissais pas, me tenant par la main d'un geste presque possessif, disant à tous que j'étais la meilleure chanteuse que le groupe n'ait jamais eue. Il me faisait compliment sur compliment, les plus éloquents étant sans doute ses caresses, subtiles mais appuyées, et la façon qu'il avait de m'enlacer, frottant son bassin contre mes fesses et mes hanches. Il me faisait sentir si attirante et sexy ! Je devinai la jalousie sur le visage de plusieurs filles qu'il me présenta et en ressentis une grande fierté. Il était clair qu'il voulait que tous sachent qu'il était avec moi, que j'étais celle avec qui il passerait cette soirée qui s'annonçait magique.

Mélo arriva enfin. Elle portait un costume de petit chaperon rouge version écourtée qui lui allait réellement bien. Elle était belle à croquer avec son petit air coquin. Nous nous sommes regardées quelques instants avant de nous sauter au cou. Enfin ! Je retrouvais ma Mélo ! Au même moment, le trio infernal fit son entrée. Alissia, Annie-Jade et Alex avaient revêtu un costume identique : celui de bonniche ultra-sexy dont la jupette, encore plus courte que celles qu'elles portaient habituellement, surmontait d'une bonne dizaine de centimètres la lisière de leurs bas en filet. Elles portaient des talons si hauts que je me demandais comment elles faisaient pour marcher avec...

— Des souliers de danseuses ! Il ne leur manque que le poteau pour se tortiller ! dit Mélo, hargneuse.

— Les souliers sont encore pas si mal... t'as vu ce qu'elles ont sous la jupette ?

Je n'en croyais pas mes yeux, car sous leur jupette, les filles ne portaient qu'un minuscule string, toutes le même, de dentelle rouge. En me voyant, elles s'approchèrent :

— Saja ! T'es bien mignonne ! lança Alissia. On a essayé de te téléphoner, on voulait t'offrir de te déguiser comme nous, alors nous aurions pu être quatre jolies petites bonnes pour ramasser tous les pauvres gars qui tomberaient sur notre passage ! Pas grave, Jessica a décidé d'être la quatrième. T'inquiète pas, on te laissera ton beau diable... du moins pour ce soir ! Même si on aurait bien envie de le croquer !

J'aurais aimé trouver quelque chose d'horrible à

répondre. Je voyais enfin leur vrai visage, celui dont tout le monde essayait de me dire de me méfier. « Du moins pour ce soir » ! Eh bien ! elles verraient bien que ce diable en particulier était avec moi et pour bien plus longtemps que cette seule soirée ! La décision que je reportais depuis plusieurs jours devint tout à coup très facile à prendre…

Au lieu d'une réplique assassine, je ne trouvai rien de mieux à faire qu'offrir une bière à Mélo. Elle accepta et je l'emmenai vers l'autre pièce où se trouvait la bière.

— Mélo… est-ce que je peux dire à mes parents que je dors chez toi ce soir ?

— Pour vrai ou juste comme excuse ?

— Je pense bien que je vais rester...

— T'es sûre que c'est ce que tu veux? T'as bien réfléchi ? Et si mes parents parlent à ta mère ? Attends au moins de voir comment la soirée se passe. Elle jeta un regard aux AAA qui se déhanchaient sur la piste de danse improvisée, jouant des fesses et prenant des poses qui, de plus en plus, auraient dû se retrouver au Caveau du sexe, le bar de danseuses du quartier, plutôt qu'ici. Je me mis à les détester. Mais je détestais encore plus les gars qui, comme des idiots, les regardaient stupidement, un filet de bave leur coulant presque du menton. Si elles avaient le malheur de s'en prendre à Sébastien, je... je... eh bien ! je ne savais pas trop ce que je ferais. Mais j'étais bien décidée à ce qu'il ne m'échappe pas. J'en étais à ces pensées quand il arriva derrière moi et m'enlaça langoureusement. Je lui présentai Mélo et il m'annonça qu'il était temps que nous « volions la vedette aux quatre greluches de service ». Ah ! Il n'était donc pas impressionné ! Je fus soulagée. J'embrassai Mélo sur chaque joue et me dirigeai vers l'espace réservé à l'orchestre.

Quand Frédérick entama la première pièce, j'avais les jambes tremblantes. Je me demandais comment j'allais chanter, je me sentais chevrotante. Mais quand mon tour arriva, en ouvrant la bouche, je sus que tout se passerait bien. Oui, le premier couplet était un peu saccadé, mais bien vite l'adrénaline prit le dessus et ma voix sortit claire, forte, précise et juste. Je voulais que ce moment dure toujours ! Les sept chansons que nous avions choisies étaient mes préférées, bien que je n'en aie que cinq à chanter. Jérôme chantait les deux autres et j'étais si survoltée que j'accueillis le répit avec soulagement et en profitai pour retrouver mon souffle. Quelques harmonies ici et là me permirent de reprendre mes esprits et me rendre à l'évidence : tout le monde était sous le charme. Le son était fort, trop fort, mais bon. Le *band* accomplissait sa performance à merveille ;

aucune fausse note jusqu'à présent. Pas de corde qui casse ou de baguette qui s'envole ! Je chantai mes deux dernières pièces avec une énergie incroyable, me déhanchant à mon tour malgré le peu d'espace. Quand arriva le passage lent dans l'avant-dernière chanson, je laissai les quelques gorgées de bière que j'avais avalées et le souvenir des mains de Sébastien se faufiler dans ma voix et envahir mon esprit. Et je sus que c'était encore meilleur que durant nos répétitions.

Nous avons fini sous les acclamations du public, qui était assez impressionnant. Une soixantaine de personnes devaient s'entasser dans le sous-sol qui, malgré sa grande taille, était bondé. À la fin du dernier accord, sous les applaudissements, Sébastien s'approcha de moi et m'embrassa devant tout le monde, sa langue impatiente envahissant ma bouche, les lumières réchauffant encore plus nos corps déjà surchauffés. Je vivais un rêve. Je flottais littéralement. Sébastien me dit :

— T'étais incroyable, j'en étais tout dur ! Une chance que j'avais ma guitare, parce qu'avec ces satanés pantalons, je suis un peu à l'étroit ! T'as tellement bien chanté ! Wow !

Je le regardai dans les yeux et lui dis :

— C'est parce que je pensais à toi et à l'autre soir…

— T'as rien vu, ma belle, attends un peu plus

tard, on trouvera un endroit tranquille...

Il m'embrassa à nouveau et partit nous chercher à boire. La tête me tournait, mais l'alcool n'avait strictement rien à voir là-dedans. Du moins, pas à ce moment-là. J'étais soûle de bonheur, ivre de toute cette magie, je voulais que cette soirée ne se termine jamais.

Une fille que je ne connaissais pas — Vicky? Naomie? — se promenait en offrant de petits verres contenant une boisson vert fluorescent. Ne sachant pas ce que c'était, je ne voulais pas trop y goûter, mais Sébastien m'en tendit un, en prit un lui-même et frappa son verre contre le mien.

— À cette soirée, ma belle...

Je bus le liquide d'un trait et manquai de m'étouffer. Ça goûtait la limette à la dynamite... ça brûlait ma gorge et mon ventre, mais cette chaleur n'était rien comparée à la sensation nébuleuse qui m'étreignait déjà. Ma tête tourna davantage et je trouvai ça agréable. Sébas se frotta tout contre moi, glissa sa main sur ma fesse, très bas sur mes fesses, et, s'accroupissant un peu, la faufila entre mes jambes. Je ressentis comme une décharge électrique. Il repartit, me laissant troublée, et je le vis sortir avec Jérôme et un autre gars qui m'était vaguement familier. J'avais besoin de bouger, de laisser sortir un peu de pression. Je dansai, chantant à tue-tête au son de la musique, je dansai avec Mélo, je dansai avec un tas de filles que je ne n'avais jamais vues, je dansai encore… Je volais, je flottais, j'étais plus légère que l'air. J'engloutis un autre bâton de dynamite, de la téquila, m'apprit-on plus tard, et je dansai encore.

Je pouvais voir sur le canapé Annie-Jade et Alex qui étaient assises avec Yannick. Annie-Jade était sur ses genoux et Alex, lovée tout contre lui. Je voyais la main de Yannick qui caressait les seins d'Alex, et son autre main qui semblait disparaître sous la jupe d'Annie-Jade. Ce spectacle me fascinait. C'était comme si personne n'existait, comme s'ils étaient seuls, ici, parmi cette foule. Puis Alissia se glissa derrière Yannick et l'embrassa à pleine bouche. Je le vis se dandiner, je vis le corps d'Annie-Jade se frotter au sien et je n'en revenais pas. Je savais qu'elles étaient « spéciales », qu'elles étaient très « proches » de Yannick, mais pas à ce point-là, et pas toutes les trois en même temps ! Alissia partit, les laissant à leurs petits jeux. Malgré la brume qui envahissait mon cerveau, je me trouvai bien naïve. Mais qu'est-ce que je croyais ? Sans doute Sébastien avait-il aussi goûté à la cuisine des AAA, peut-être même y goûtait-il encore, de temps en temps… Cette pensée me fut désagréable, et je décidai de la chasser sur-le-champ, car ce soir, rien de tout ça n'avait la moindre importance. Quittant la piste de danse, je tentai de trouver un verre d'eau. En me rendant à la salle de bains, je surpris Jessica, la quatrième roue du carrosse, à genoux devant un ami de Yannick qui, le jean en tas autour des genoux, enfouissait sa verge dans la bouche de celle-ci. Je balbutiai une excuse, reculai, titubai légèrement et faillis renverser Alissia qui arrivait derrière moi.

— Tu t'amuses bien, Saja ? Bon spectacle, en passant. Mais tu sais, y a pas que toi en vedette ici ce soir !

Puis, elle passa devant moi, déboutonna sa blouse pour offrir ses seins à la bouche du gars que je croyais pourtant déjà bien occupé, et referma la porte de la salle de bains derrière elle.

Wow ! C'était donc comme ça que les choses se passaient ? Je me sentis bien heureuse que Sébastien n'ait d'yeux que pour moi ce soir. Je refusai de croire que ce genre de petit jeu l'attirait. Il n'avait certainement pas besoin de ça ; il m'avait semblé assez clair qu'il pouvait avoir à peu près n'importe quelle fille qui lui plaisait. Et à partir de maintenant, cette fille, ce serait moi.

Comme pour confirmer mes pensées, il se serra contre moi.

— Je te cherchais partout…

Ses lèvres cherchaient mes oreilles, il m'enlaça et m'entraîna dans un corridor sombre.

— Tu sais que tu me rends fou. Je te veux…

Je ne répondis qu'avec un baiser et laissai mes mains parcourir son corps à mon tour. C'était décidé, je passerais la nuit ici. Peut-être que nous ferions l'amour, peut-être que non. Je verrais bien si tout s'y prêtait. En attendant, il me fallait avertir ma mère, et vite.

— Il faut que je donne un coup de téléphone. Je pense bien que je vais rester ici ce soir, si t'en as toujours envie…

— Tu vois bien que j'en ai toujours envie, et si tu savais combien ! Va téléphoner, et rejoins-moi vite…

Je montai à l'étage et cherchai un endroit plus calme, plus rassurant, pour parler à ma mère. Je lui dis que j'allais passer la nuit chez Mélo et que nous allions au centre commercial le lendemain matin — inutile de me téléphoner, je rentrerais autour de midi. Trop facile…

En redescendant, je vis Mélo qui, manteau sur les épaules, s'apprêtait à partir.

— Saja, je te cherchais. Alors, tu restes ou tu viens avec nous ? Tu peux passer la nuit chez moi, aucun problème...

Je devinai aisément qu'elle avait envie d'être seule avec Jo, ce qui renforça ma décision. Alors, je lui racontai ma conversation avec ma mère et elle me fit un clin d'œil. Mais juste au moment de sortir, elle me dit :

— Saja, si t'es plus certaine de vouloir, dis-lui. T'as le droit de changer d'idée... s'il n'est pas d'accord, c'est qu'il n'en vaut pas la peine...

— T'es gentille, mais ne t'en fais pas. J'ai ce qu'il faut, et Sébastien n'est pas comme ça. Il comprendra si jamais ça ne se passe pas tout à fait comme je veux. Je pense bien qu'il est aussi amoureux de moi que je le suis de lui. Il m'a dit que je le rendais fou...

— Ça peut vouloir dire bien des choses, ça, Saja. Fais attention. Et amuse-toi bien... tu me racontes tout, hein ?

— Tout, promis, et pas plus tard que demain, si tu veux !

Sébastien prenait un autre verre incendiaire quand je le rejoignis. Il m'en offrit un et, pour me donner du courage pour la suite, j'acceptai. Je me sentais bien, j'étais amoureuse, j'allais probablement faire quelque chose de vraiment spécial avec quelqu'un de vraiment spécial aussi... J'allais certainement en rendre plus d'une jalouse ! J'étais convaincue, ou du moins je faisais tout pour m'en convaincre, que Sébas était le bon, que c'était avec lui que je voulais vivre ma première fois. Pourvu qu'il soit doux...

Je ne savais pas à quoi m'attendre. Et si j'avais l'air aussi inexpérimentée que je me sentais ? Sébastien était sans doute habitué à être avec des filles beaucoup plus « expertes » que moi. De quoi aurais-je l'air ? Comme s'il devinait mes pensées, il murmura à mon oreille :

— J'ai tellement envie de toi… seulement de toi. On trouve un endroit tranquille ?

L'alcool me montait à la tête. C'était agréable et, tout à coup, je n'arrivai pas à croire que j'avais eu des inquiétudes. Je savais exactement ce que je voulais, et c'est ce soir que je l'aurais. Avec Sébastien.

Il me prit la main et je le suivis. Il m'entraîna à l'étage et ouvrit la porte d'une chambre. Mais elle était occupée. Jessica, Alissia et l'ami de Yannick avaient changé de pièce pour être plus à l'aise. Ils étaient tous les trois au lit, lui nu, les filles encore en costume… Je ne pus que voir le dos du gars et les jambes écartées de l'une des filles avant que Sébastien referme la porte.

— Hmmm ! trop de monde, qu'en dis-tu ?

— Un peu, oui !

— Alissia, toujours pareille…

— Qu'est-ce que tu veux dire ?

— C'est pas important, viens ici…

Il ouvrit une autre porte et je le suivis dans une chambre, vide, celle-là. Il referma la porte et me poussa au mur, m'écrasant du poids de son désir. J'étais plaquée contre son corps, c'était merveilleux, je le voulais tellement tout contre moi. Il retira ma camisole et mon soutien-gorge d'un geste presque brusque, caressa mon corps entier comme s'il avait attendu des mois avant de pouvoir faire ce geste. Il embrassa mes seins, je sentais leur pointe durcir, c'était presque douloureux mais si bon ! Sa main glissa entre mes cuisses, qu'il écarta afin de pouvoir frotter mon entrejambe. Je n'avais jamais rien ressenti de tel. Oui, il m'était bien arrivé de me toucher, d'essayer de savoir l'effet que c'était censé faire, mais d'avoir sa main à lui, là, c'était tout autre chose. Il baissa mon collant, dégageant mon ventre, et glissa sa main dans ma culotte. Je sentis une chaleur m'envahir, une chaleur complètement différente de toutes les bouffées de chaleur qui m'avaient assaillie durant cette soirée. Mon ventre se contracta et je me sentis humide, gonflée. Son doigt glissait d'avant en arrière dans ma fente, cherchant quelque chose, cherchant à s'enfouir plus loin tout en chatouillant cette chair encore si mystérieuse pour moi. Et tout ce temps, il ne lâcha pas mes seins ; son autre main les palpait, les tâtait, les massait de plus en plus durement. Il m'entraîna vers le lit et défit son pantalon. Puis, il acheva de me déshabiller et je me retrouvai enfin complètement nue, dans ses bras, dans un lit inconnu. Mais peu m'importait l'endroit, j'étais exactement où je voulais être.

Sébastien me fit étendre sur le dos et m'embrassa à nouveau. Il délaissa mes lèvres au profit de mon cou, descendit sur mes seins tandis que ses mains parcouraient mon corps entier, provoquant frisson sur frisson. Sa bouche lécha ensuite mon ventre, mes côtes, et je pensai mourir de bien-être. Je me sentais femme, je me sentais belle. Quand il écarta mes jambes et déposa sa bouche si chaude entre mes cuisses, je laissai échapper un petit cri. C'était donc ça ? Dieu que c'était bon ! Il me lécha, son doigt me caressa, et je me sentis devenir plus chaude, plus mouillée.

Il s'étendit sur moi et je le sentis plus dur que jamais — il en broyait mon bassin, mon ventre —, et semblait vouloir se glisser en moi. Je paniquai.

— Sébas, je ne suis pas sûre... c'est...

— C'est quoi ?

— C'est... la première fois...

— T'es sérieuse ?

Il demeura silencieux un moment. Puis :

— Je ne te ferai pas mal, promis, j'irai doucement...

— Oui, c'est sûr, mais... j'aimerais que tu mettes un... bin, tu sais...

— Un quoi ? Un *condom* ? Quoi, tu me fais pas confiance ?

— Non, c'est pas ça, c'est juste que je prends pas la pilule et... j'en ai un si tu veux...

— Bin... ah ! non, je déteste ça, ces affaires-là.

Ça me tente pas tellement… c'est vraiment si important?

— Euh… j'pense que oui…

— Alors, suce-moi, on verra plus tard…

Il s'avança et rapprocha son pénis de mon visage. Je n'avais aucune idée de ce que je devais faire. Je n'avais jamais fait ça de ma vie et je n'en avais pas vraiment envie, mais... je le pris tout de même dans ma bouche, et laissai mon instinct et ses mouvements me guider. J'avais tellement peur de le décevoir une autre fois! Je voyais bien que l'histoire du condom ne l'enchantait pas. Pourtant, ça me semblait important, à moi, il devait bien le sentir…

Alors, je décidai de lui faire plaisir. Je serrai son pénis entre mes lèvres, prenant soin de ne pas le blesser avec mes dents, et je le sentis durcir encore davantage. Il me semblait énorme, et j'avais un peu peur d'étouffer. Je n'aurais jamais pensé qu'un pénis pouvait prendre de telles proportions… Il bougea le bassin de plus en plus rapidement, glissant sa main autour de sa verge pour la guider et je sentis tout à coup un liquide chaud se déverser dans ma bouche. J'eus un haut-le-cœur, ne m'attendant pas à ça, ne sachant que faire de ce liquide gluant. Je ne voulais pas l'avaler, mais je ne savais pas quoi faire avec! Tant pis. Je pris la couverture du lit et l'y recrachai.

J'étais déçue. Tout ça n'avait pris que quelques minutes, qui m'avaient semblé des heures. J'avais espéré que les choses se passent différemment. Peut-être que plus tard, il accepterait de mettre un condom... peut-être que j'accepterais, pour cette fois-ci, de laisser faire. C'était ma première fois. Il ne pouvait pas y avoir grand danger, non? Il me faudrait être vraiment malchanceuse pour tomber enceinte la toute première fois! C'était le genre de chose qui n'arrivait que dans les romans ou les mauvais films. Oui, je céderais peut-être, tout à l'heure...

Sébastien vint se coucher près de moi et me prit dans ses bras. De toute évidence, il ne ressentait pas la même déception que moi. Après tout, peut-être que je n'avais aucune raison d'être déçue. Je venais de lui faire prendre son plaisir; je devrais être contente! Peu importait la façon, non? Et si moi, je n'avais pas ressenti autant de plaisir que lui, ça viendrait sans doute quand nous ferions l'amour pour vrai. Je choisis donc de me blottir contre lui et, l'alcool et la tension évacuée aidant, je sombrai dans une bienfaisante somnolence.

Chapitre 10

Un réveil brutal

J'ouvris les yeux et constatai en regardant ma montre qu'une demi-heure s'était écoulée depuis que je m'étais endormie et que j'étais seule. Je me levai, m'habillai et décidai de retrouver Sébastien qui devait être retourné faire la fête. En arrivant en bas, je vis que le sous-sol s'était passablement vidé. Il restait bien une vingtaine de personnes, mais la musique était moins forte, plus personne ne dansait, on était plutôt assis un peu partout, et des bières et des cigarettes — ordinaires et d'autres plus « exotiques » — circulaient. Mais Sébastien n'était pas là. Je passai au petit réduit me chercher quelque chose à boire et, en passant devant l'une des chambres du sous-sol, j'entendis des éclats de rire. Tendant l'oreille, je reconnus la voix de Sébastien.

Devais-je aller le rejoindre ? Il serait sûrement heureux de voir que j'étais réveillée et que nous pourrions reprendre les choses où nous les avions laissées. Ouvrant doucement la porte, je dus attendre quelques instants avant que mon cerveau enregistre ce que mes yeux voyaient. Il était bien là, c'était bien sa voix que j'avais entendue. Mais mon sommeil était probablement la dernière chose à laquelle il pensait. Il était complètement nu et Alex, qui était aussi nue que lui et assise sur son ventre, lui versait de la bière dans la bouche. Il en coulait partout sur le lit; ils semblaient trouver ça très drôle, mais moi, je ne vis pas matière à rire. Il était là, lui faisant l'amour, cette même queue qui avait été dans ma bouche à peine une heure plus tôt, fouillait le ventre d'Alex et il *riait.* Ça me fit l'effet d'une gifle. Une très grosse gifle.

Du coin de l'œil, je vis du mouvement à ma droite. Yannick se relevait du divan installé dans le coin de la chambre, remontait son jean et aidait Alissia à se redresser. Ce sont eux qui me virent en premier. Alissia avec Yannick, Alex avec Sébas… je ne comprenais plus rien, tout ça me semblait complètement incroyable et pourtant, c'était bien là devant mes yeux ébahis. Alissia me décocha un sourire mielleux.

— On dirait que t'as pas réussi à satisfaire le pauvre Sébas… Heureusement qu'Alex était là! J'aurais bien voulu l'aider, mais j'étais comme occupée… désolée!

Je restai bouche bée, complètement sonnée. La voix d'Alissia attira l'attention de Sébas qui enfin me vit. Il me regarda droit dans les yeux, dut voir mon désarroi et n'arriva qu'à me dire :

— Saja ! Tu dormais ! Je croyais que ça ne te dérangerait pas que je continue la fête un peu... Tu veux venir te joindre à nous ?

Il éclata de rire, et Alex l'empêcha de continuer en l'embrassant.

De toute manière, je ne voulais pas en entendre plus ; j'en avais déjà entendu, et surtout, vu beaucoup trop. Je reculai comme un automate, refermai la porte sans m'en rendre vraiment compte et retournai dans la chambre d'où j'aurais voulu ne jamais me réveiller. Je ramassai mon manteau et mon sac, heurtai quelqu'un au passage et entendis mon nom prononcé par une voix masculine. Je me retournai, espérant stupidement que ce serait Sébastien qui voulait me retenir et s'excuser, mais ne vis que Frédérick, ses yeux doux inquiets et peinés. Il voulut me retenir, me prit par le bras, mais je me dégageai et sortis.

L'air de la nuit, froid sur mes joues, me fit réaliser que je pleurais. Je ne le voulais pas, mais je n'y pouvais rien. Tout se bousculait dans ma tête. Je n'avais rien compris, rien de rien de rien. Je me trouvais si idiote !

Je me rendis subitement compte que je ne savais absolument pas où aller. J'étais dans un quartier que je ne connaissais pas, il était très tard, Mélo était partie depuis longtemps et ma mère me croyait chez elle sagement endormie. J'aurais donc dû y être aussi ! C'est là que j'aurais voulu me trouver à cet instant précis. Mais non, il avait fallu que je n'écoute que ma petite voix stupide, celle qui me poussait toujours à croire aux belles choses que je m'imaginais, sans penser que les gens ne sont pas toujours aussi gentils qu'ils en ont l'air et que, souvent, ils se foutent éperdument de tout et de tout le monde, ce qui est encore pire. Je pleurai de plus belle et décidai de marcher pour me calmer, marcher jusqu'à ce que je trouve un taxi. Je retournerais chez moi. Je voulais être chez moi.

J'entendis la porte s'ouvrir et me retournai. C'était Frédérick qui venait vers moi. Je me sentis incapable de lui faire face. Et puis, il devait être au courant de tout ce qui se passait. Pourquoi ne m'avait-il rien dit ? Pourquoi s'était-il toujours montré si gentil ? Il devait être aussi pire que Sébas ! Tous pareils ! Je vis rouge.

— Qu'est-ce que tu veux, Fred ? Tu veux rire de la conne qui vient de se réveiller, c'est ça ? Tu veux pouvoir aller raconter à Sébas et à tout le monde à quel point j'avais l'air innocente à pleurer comme un bébé ? Eh bien ! vas-y ! Ça peut pas être pire de toute manière !

— Hey, arrête ! Je veux rien savoir de Sébas et de tous les autres, je voulais juste voir comment t'allais…

— Ah oui ! Vraiment ? Eh bien ! je vais MAL ! Très MAL ! Vous me faites tous chier, vous êtes tous malades ! Je veux plus rien savoir de vos petits jeux de cons! Allez donc tous vous coucher dans le même lit pour faire vos cochonneries et laissez-moi tranquille !

— Saja... C'est pas vrai, je suis pas comme eux, tu le sais. Je voulais juste t'aider...

— Ne m'appelle pas comme ça ! C'est juste mes amis qui m'appellent comme ça ! Tu veux m'aider ? Bin, si tu veux m'aider, fiche-moi la paix !

Je partis et je l'entendis une fois de plus prononcer mon nom. Sa voix semblait triste... et je n'en avais absolument rien à cirer. Triste ? Tant mieux ! Il était sans doute exactement pareil comme Sébas, Yannick et tout le reste. Je me foutais complètement qu'il soit triste ou non !

Je marchais. Je ne savais pas du tout où je me trouvais, et ça n'avait pas la moindre importance. Je marchais. Je pleurais et je marchais. Au bout d'un moment, je sortis mon téléphone pour avoir une idée de l'heure et me rendis compte qu'il était à plat. Ceci me fit pleurer davantage, et, l'espace de quelques secondes, je me sentis totalement désemparée. Je pris une profonde inspiration et me dis que je finirais bien par me calmer et penser à ce que je pourrais faire. Il ne me restait plus qu'à trouver un commerce encore ouvert, une station-service ou quelque chose du genre d'où je pourrais appeler un taxi.

Autour de moi, que des maisons endormies. Une banlieue agréable, cossue même. De belles maisons remplies de gens heureux. Je les enviai tout à coup. J'aurais voulu, moi aussi, me trouver dans une belle maison, dans un grand lit aux draps propres, profondément endormie, n'ayant même jamais mis les pieds chez Yannick. J'aurais voulu avoir douze ans et seulement m'inquiéter de savoir si j'allais être choisie dans la bonne équipe de soccer. Je ne voulais pas vivre ce que je vivais. J'avais mal. Je me sentais blessée profondément, je saignais par en dedans. Je n'arrivais pas à savoir ce qui faisait plus mal : le fait que Sébastien m'ait traitée de la sorte ou le fait que je me sois laissé avoir… Comment avait-il pu ? Il disait que je le rendais fou ! Ah ! Oui, c'était *tellement* évident ! Quel salaud ! Je ne faisais que revoir des images que je voulais pourtant oublier. Des flashes qui ne me laissaient aucun répit. Alex penchée sur lui. Lui, complètement nu, riant aux éclats. Alissia et son sourire qui me donnait envie de l'étrangler, Yannick et son regard méprisant. Je sentis soudainement une rage monter en moi. Une rage profonde, puissante. Je les détestais tous. Tellement.

Au même moment, je goûtai le sperme dans ma bouche et un haut-le-cœur insupportable, d'une violence inouïe, me secoua. J'eus à peine le temps de me cacher derrière des buissons — une autre maison endormie — et vomis. Je vomis ma douleur, ma peine, je vomis Sébastien, Alissia, Alex et Annie-Jade. Mon estomac se calma, mais je ne me sentais toujours pas mieux. J'avais beau les avoir tous vomis, ils étaient toujours là, comme un étau autour de mon cœur. Je préférais être en colère que blessée, mais l'humiliation persistait malgré les lames de rage froide qui déferlaient dans mes veines. Je pensais aux jours à venir, à comment j'allais être la cible des railleries des AAA, ces venimeuses salopes. À comment j'allais me sentir, petite, idiote et si *jeune* devant Sébas. Pourtant, je ne voulais pas croire que c'était seulement une question d'âge. Je refusais de penser que tous les adultes se comportaient comme ça, baisant à gauche et à droite sans y attacher la moindre importance. En allait-il vraiment ainsi ? Étais-je si stupide ? Est-ce que mon rêve de trouver quelqu'un qui m'aime et m'apprécie, moi et seulement moi, était si farfelu ? Je songeai enfin à Mélo, à Justin, mon premier amour, à ma sœur, à ma mère, et je fus soulagée. Non, je n'étais pas la seule à croire que l'amour pouvait se vivre avec une seule personne, en toute confiance et dans le respect. Cette pensée m'apaisa quelque peu.

Je vis au loin une artère plus passante et mon

cœur s'allégea encore un tout petit peu. Sur le coin de la rue semblait se trouver une station-service. Si toutefois elle était fermée, il y aurait probablement un téléphone à l'extérieur, même si j'aurais bien voulu entrer quelque part pour me réchauffer. En approchant, je vis des gens à l'intérieur. Il y avait même un restaurant rattaché qui semblait ouvert, lui aussi. Cette vision me fit réaliser à quel point j'avais soif. Ma traversée du désert m'avait complètement déshydratée. Je voulais surtout me débarrasser de cet horrible goût dans ma bouche, sur mes lèvres, dans ma gorge. Ce goût qui m'empoisonnait. Avais-je assez d'argent pour payer un taxi et quelque chose à boire ? Je n'avais aucune idée du prix de la course jusque chez moi. Je trouverais bien un abreuvoir...

Je tentai de sécher mes larmes pour de bon et de m'essuyer le contour des yeux avant d'entrer dans le commerce. C'était bien futile… le peu qui restait de mon maquillage de chat devait être répandu un peu partout sur ma figure ! Les larmes ne devaient pas avoir amélioré les choses… Je me dis que j'avais l'air assez bizarre vêtue comme je l'étais que personne ne remarquerait mon visage.

J'entrai et appréciai l'air chaud à l'intérieur. Je me dirigeais vers le comptoir pour demander l'adresse où je me trouvais afin de la donner à la centrale de taxi quand une voix qui me semblait vaguement familière me fit sursauter. Derrière le comptoir du petit restaurant de sandwiches, encore ouvert à cette heure tardive, je vis Julianne, aussi pâle que d'habitude, d'une pâleur accentuée par l'uniforme vert lime de la chaîne de restaurant pour laquelle, de toute évidence, elle travaillait.

— Tiens, salut ! Puis, c'était comment, le gros party ?

Je tournai mon visage barbouillé vers elle et répondis d'un vague hochement de tête, n'ayant pas du tout envie d'engager la conversation.

— Bof...

— Ça va pas ?

— Non, pas tellement... écoute, Julianne, j'ai pas tellement envie d'en parler, je veux juste appeler un taxi...

J'avais la voix tremblante, les yeux remplis d'eau et je me détestais pour ça. J'aurais voulu être *tough,* mais je n'avais tout simplement plus la force de combattre. À mon grand désarroi, je me remis à sangloter. Je me trouvai idiote, beaucoup trop faible, surtout face à Julianne que je connaissais à peine, qui ne semblait pas avoir une bien bonne impression de moi et devant qui j'aurais voulu avoir l'air bien plus solide, mais je n'y pouvais rien.

— Viens, viens par ici...

Julianne m'entraîna derrière le comptoir jusqu'à un petit local faisant office à la fois de bureau et d'espace de rangement. Il y avait même une petite salle de bains où elle m'amena doucement. Je ne sentais de sa part que douceur et gentillesse, et j'en étais étonnée. Pas qu'elle avait l'air méchante avant, mais je n'avais jamais ressenti autre chose que de la méfiance ou de la froideur venant d'elle. Cette nouvelle chaleur me fit du bien et je la laissai me guider comme une toute petite fille jusqu'au siège de toilette où elle me fit asseoir.

— On va commencer par te débarbouiller un peu, tu fais peur... Dis-moi juste une chose: es-tu blessée?

— Non. Enfin, pas physiquement...

Avec une débarbouillette et de l'eau tiède, Julianne entreprit de me nettoyer le visage. Je me laissai faire, épuisée. Mais j'eus tout de même la lucidité de lui demander:

— T'es pas censée travailler?

— J'ai terminé à deux heures et j'attends ma cousine, Maude, qui est gérante et avec qui je vais partir bientôt. Si tu veux, on pourra te raccompagner...

Elle continua à me nettoyer en silence. Puis elle ajouta:

— Ça ne s'est pas passé comme tu voulais, on dirait. C'est à cause de Sébastien?

— Hmmm... bin, bof...

— Excuse-moi, ça ne me regarde pas. Je les

connais juste un peu mieux que tu penses et j'imagine un peu ce qui a pu se passer...

— Ah ouais ? T'imagines ? Je pense pas...

Je me renfrognai, mon cerveau refusant de rester tranquille, ressassant tout ce qui s'était passé depuis plusieurs semaines, ma naïveté et mon ignorance en prime. Je lui demandai tout à coup :

— C'était toi, leur ancienne chanteuse, hein ? C'était l'été dernier ? Qu'est-ce qui s'est passé ?

— Wow... ça fait beaucoup de questions, ça, et j'ai pas non plus vraiment envie d'en parler. Mais oui, c'était moi, leur ancienne chanteuse. Maintenant ils me traitent de folle et de toutes sortes d'autres choses, les trois petites garces aussi d'ailleurs, mais tant pis... j'ai finalement compris que c'est pas moi qui est folle et je leur souhaite tous de se casser la gueule solide, un de ces jours... à part Frédérick.

— Pourquoi, à part lui ?

— Parce que sans lui, je sais pas ce que j'aurais fait. Je pense même qu'il m'a peut-être sauvé la vie...

Elle demeura silencieuse, et je n'osai pas poser plus de questions. Je sentais que Julianne avait vécu quelque chose de grave, de peut-être beaucoup plus grave que ce que je venais de vivre. C'était bien le cas, mais je ne m'imaginais pas encore à quel point. Ce que je savais, par contre, c'est que je commençais à me sentir mieux, plus calme en tout cas. Toujours aussi blessée, en colère, déçue, j'avais mal, mais je sentais que la douleur de Julianne était aussi grande et profonde. Je ne savais pas comment reprendre la conversation, mais j'étais curieuse parce que tout à coup, je me sentis proche d'elle, je sentis que nous avions beaucoup en commun.

— Tu voulais appeler un taxi... je ne sais pas combien t'as d'argent sur toi, mais c'est assez loin. J'habite pas très loin de chez toi, ce n'est pas un problème de te déposer...

— Ouais, j'ai pas tellement envie de rentrer chez moi, mais j'ai pas le choix. Ma mère est chez une amie et elle me croit chez Mélodie. J'ai pas envie d'être seule à la maison, mais c'est probablement une bonne chose, après tout...

— Tu verras peut-être plus clair demain matin.

Elle hésita. Puis, doucement, elle me dit :

— Écoute, si tu veux...

— Quoi ?

— Ah ! rien, laisse faire...

— Non, quoi ?

— Bin, si t'es mal prise, tu pourrais venir passer le reste de la nuit chez moi. Je vis avec Maude et mon père, et lui, il travaille de nuit. Il ne rentrera pas avant neuf heures et il va probablement aller se coucher tout de suite après. Il ne se rendra même pas compte que t'es là et c'est sûr que Maude ne s'y opposera pas ; il y a de la place, et tu pourras rentrer chez toi à pied demain matin, sans faire d'histoire...

— Tu ferais ça ?

J'étais interdite. Cette solution était tentante ; ça me donnerait au moins le temps de penser à ce que j'allais dire à ma mère. Peut-être même que je n'aurais aucune explication à donner, du moins à court terme.

Je ne comprenais pas ce qui poussait Julianne à vouloir m'aider de la sorte, mais c'était une solution inespérée.

— C'est vraiment gentil de ta part, Julianne... Il est déjà tard, mais je ne pense pas très bien dormir cette nuit de toute manière... C'est pas beau dans ma tête, c'est tout croche...

— Alors, viens. C'est pas le grand luxe, mais c'est confortable...

* * *

Pendant le trajet en voiture, j'essayai de ne penser à rien. Dans ma tête, il n'y avait qu'une grosse tornade. Des images, encore des images, toujours des images. Je sentais peu à peu la colère prendre définitivement le dessus sur la culpabilité. Oui, j'aurais dû savoir, mais Sébastien aussi aurait dû savoir ou du moins essayer de comprendre comment je me sentais. Il s'en était complètement foutu. Foutu de moi, de mes sentiments, de la confiance que je lui accordais. Et les autres aussi, ils m'avaient regardée m'enfoncer sans rien faire, pire, ça les amusait. J'avais littéralement l'impression que mon cœur saignait et je ne savais absolument pas comment faire pour qu'il arrête de se vider ainsi...

Maude essaya bien de faire la conversation. Elle racontait combien elle était heureuse d'avoir Julianne comme employée, comment celle-ci travaillait fort, mais tous ses compliments tombaient à plat. Julianne était silencieuse, telle que je l'avais toujours vue. J'avais un peu de mal à l'imaginer travailler dans un restaurant : elle n'était pas tout à fait du genre à aimer le public ! Maude me demanda :

— T'as déjà entendu Julianne jouer du piano et chanter ?

Julianne répondit plutôt sèchement :

— Non, elle m'a jamais entendue. On ne se connaît pas tellement et pas depuis très longtemps, je te l'ai dit...

— Eh bien ! il faudrait que tu l'entendes. Tu n'en croirais pas tes oreilles...

Elle continua à bavarder malgré le silence inconfortable de ses passagères, me vantant les talents de Julianne, prétendant qu'elle avait déjà plusieurs compositions extraordinaires qu'elle rêvait d'enregistrer un disque. Finalement, voyant que c'était peine perdue, elle conclut, presque pour elle-même et sur un ton fâché :

— Mais là, Julianne refuse de chanter. Je gagerais mon salaire de toute une année que c'est à cause de cette bande de petits cons. Si je leur mets un jour la main dessus, ils paieront pour ce qu'ils ont fait, quoi que ce soit !

— Maude ! Arrête ! Ça ne regarde personne d'autre que moi, ces affaires-là !

Maude se tut, regardant droit devant elle, sans doute pour éviter le regard assassin de Julianne. J'étais plus curieuse que jamais, mais je me rendis compte que ma curiosité n'était pas malsaine, pas voyeuse. J'avais plutôt envie d'essayer de comprendre Julianne et de voir à quel point nous étions semblables. Maude poursuivit :

— Non, t'as raison, ça ne regarde que toi. Mais je sais très bien que c'est depuis le party de la Saint-Jean-Baptiste que t'as pas chanté. T'as quitté le *band,* alors que t'avais travaillé si fort pour te faire engager. Je ne suis pas idiote, Julianne. Tu penses que tu peux régler ça toute seule, peu importe ce que c'est. Tu ne veux pas m'en parler, OK. Tu ne veux pas de mon aide, OK aussi. Mais merde, tu peux pas m'empêcher de m'inquiéter !

Ouf ! Je ne me sentais pas à ma place. J'avais bien

assez de mes propres problèmes et je n'avais pas besoin de m'immiscer dans les histoires de Julianne... Sauf que j'étais de plus en plus intriguée. Je voyais tout à coup en elle quelqu'un qui savait probablement mieux que quiconque comment je me sentais. Parce qu'elle était peut-être passée exactement par les mêmes choses que moi.

Je ne me doutais pas, à ce moment-là, à quel point j'avais à la fois tout à fait raison et complètement tort, les deux à la fois. Je ne le saurais que lorsque Julianne me raconterait sa propre histoire. À moi. Pourquoi à moi? À cause d'un concours de circonstances sans doute, de l'alignement des planètes peut-être, mais plus vraisemblablement de l'espèce de complicité qui nous unissait sans que nous l'ayons vue venir. Peut-être n'avait-elle eu l'intention que de me raconter un tout petit peu de son histoire, juste ce qu'il fallait pour la soulager. Mais quand elle commença, beaucoup plus tard cette nuit-là, elle ne put plus s'arrêter...

* * *

Le reste du parcours se fit en silence. En arrivant chez Julianne, Maude profita du moment où elle sortait des couvertures et un oreiller pour me dire discrètement:

—J'ai été incapable de faire en sorte qu'elle se

confie à moi. Rien à faire. Mais elle a besoin de parler, de laisser sortir le méchant. À te voir, je me doute que t'en as une aussi, une bonne dose de méchant à faire sortir. Peut-être qu'ensemble...

Julianne venait d'apparaître, et Maude ne put continuer. J'étais mélangée, ne sachant plus trop ce que je faisais là, mais j'étais tout de même heureuse d'y être. Les événements de la soirée me hantaient toujours, mais je ressentais l'imminence de quelque chose de plus gros, de plus important. Je n'avais pas fini d'en voir et d'en entendre de toutes les couleurs...

Julianne m'installa sur un matelas par terre dans sa chambre. Elle me prêta un t-shirt et un pantalon de pyjama et je pus enfin retirer mon costume. Je détestais ce costume ridicule; je le brûlerais à la première occasion... Mais en attendant, coincée entre le piano — un vrai, pas un petit piano électronique! — et l'amplificateur, je me sentais à l'aise. Je bénis l'obscurité. Je voulais tant arrêter d'avoir mal! Je sentis mes yeux se remplir à nouveau de larmes.

— Écoute, je ne sais pas ce qui s'est passé, mais je suis persuadée que ce n'est pas ta faute. J'imagine que tu t'es retrouvée dans une situation que t'avais pas prévue ou que certaines personnes n'ont pas agi exactement comme tu le pensais... Les partys avec ZigZog et son entourage ont tendance à devenir assez heavy. C'est Sébastien qui t'a mise dans cet état, non?

Comme je ne disais rien, elle continua:

— Laisse-moi deviner. T'as cru qu'il tenait à toi et que ce serait différent d'avec les autres filles? T'as pensé qu'avec ton talent il ferait tout pour que tu sois heureuse avec lui et dans le groupe, ça ressemble un peu à ça?

Je n'osai pas répondre. C'était exactement ce que j'avais pensé, mais dit de cette façon, ça me semblait tout à coup vraiment, vraiment con et naïf. Se moquait-elle? J'en doutais. J'entendais plutôt dans sa question une sorte de solidarité…

Je finis par chuchoter, presque honteuse:

— Tu dois me trouver bien stupide, mais oui, ça ressemble assez à ça...

— Non, pas stupide. Ou alors, je l'ai été aussi, et pas à peu près! Ils ont tous l'air assez normaux, quand on les rencontre, ces fuckés-là, hein? Je veux dire, on penserait jamais qu'ils puissent être aussi... aussi...

— Tordus?

— Ouais, c'est le moins qu'on puisse dire...

— Mais en plus de Sébas, y a les AAA. Je me suis laissée prendre à leur jeu malgré les mises en garde de Mélo et les tiennes aussi. Une vraie petite niaiseuse. Oh! je m'en méfiais, mais je n'ai quand même rien vu venir.

— Tu veux me raconter ?

Je ne croyais pas en avoir envie, mais l'histoire déboula toute seule. L'obscurité réconfortante aidant, je lui racontai ma rentrée dans cette nouvelle école, si intimidante, le chagrin de laisser Justin et le bonheur d'avoir attiré l'attention d'un gars inaccessible. Je lui racontai les espoirs, l'attention flatteuse, les rêves idiots. Je poursuivis avec les jupettes, l'attitude de Sébas avant ce soir, l'anticipation du spectacle, le sentiment indescriptible de puissance qui émanait du fait être là, sur la scène avec lui. D'être la vedette. Je lui confiai ma décision de passer la nuit avec Sébas, d'en faire mon « premier », convaincue qu'il en valait la peine. Et je terminai avec la douleur. Le sentiment de trahison. Alex et Alissia. J'étais à bout de souffle. À ma grande surprise, j'entendis Julianne renifler.

— Tu pleures ?

— Oui, je pleure… Tu viens de me faire revivre un tas de choses que j'essaie si fort d'oublier. Mais je pleure surtout de rage, de voir qu'ils continuent de faire du mal sans que rien ni personne les arrête...

— Si je comprends bien, il t'est arrivé à peu près la même chose ?

— Oui et non... quelques ressemblances, mais pas tout à fait... Honnêtement, sans vouloir minimiser ce qui t'est arrivé ce soir, j'aurais aimé que pour moi aussi, ça se limite à ça… Tu t'en es quand même tirée pas si mal. T'imagines si tu l'avais laissé faire ce qu'il voulait? T'as pas idée jusqu'où ça aurait pu te mener…

Un frisson me parcourut. Il s'en était fallu de peu. De si peu...

— Ouais. Si je comprends bien, toi, tu t'en es pas tirée aussi bien, hein? T'en arraches encore, non?

— Je sais pas si je vais guérir un jour…

Elle garda le silence un long instant. Puis elle ajouta, hésitante:

— Mais je peux très bien te le dire, moi, où ça t'aurait menée si tu l'avais laissé faire…

C'est là qu'elle m'ouvrit son cœur et son âme.

Chapitre 11

L'histoire de Julianne

« Le début de mon histoire ressemble un peu à la tienne. Je suis arrivée ici toute seule il y a un an et demi avec mon père, laissant derrière un gars de qui j'étais pas mal amoureuse, mais qui m'a remplacée à peine quelques jours après mon départ. C'est dire combien il tenait à moi. Faut dire que je suis un peu habituée à ce que les gens m'oublient vite : ma propre mère est partie refaire sa vie avec un gars aux États-Unis quand j'avais à peine cinq ans, alors...

« Mais j'ai eu le temps de m'y faire. J'arrivais d'une toute petite ville, un village, en fait, et je voyais enfin l'occasion avec ce nouveau déménagement, le quatrième en six ans et dans des petites villes plus minables les unes que les autres, de trouver un vrai *band* avec qui je pourrais travailler, m'améliorer, écrire des chansons et, surtout, prendre de l'expérience. ZigZog avait déjà une chanteuse quand je suis arrivée, mais j'ai passé l'année scolaire à me préparer, je voulais avoir ma chance avec eux. De plus, les AAA, comme tu les appelles, m'avaient déjà bien intégrée à leur groupe et j'avais tout à fait l'intention de les utiliser pour arriver à mes fins, c'est-à-dire me faire embaucher par le *band* de Sébastien, qu'elles connaissaient bien et qui allait encore à notre école l'an passé. C'est certain que je l'avais remarqué, comme gars — il est assez difficile à manquer —, mais j'avais aussi vu et entendu le *band*, et ce que je voulais plus que tout, c'était en faire partie. Je voulais ça plus que je voulais Sébastien, en fait.

« Après avoir vécu dans des endroits où la mode arrive deux ans en retard et où le seul centre commercial consiste en une pharmacie, une quincaillerie et un salon de coiffure, je trouvais les filles cool, relax, drôles. Elles m'ont traînée partout, on s'amusait. Maude, qui est venue habiter chez nous pour économiser en attendant de pouvoir payer son propre appart, est super gentille, mais elle n'avait pas d'idée de ce que je faisais les soirs où elle travaillait... Et de toute manière, elle n'avait pas à me surveiller. Mon père travaille de nuit depuis qu'on est ici. Je le vois parfois en revenant de l'école, il nous arrive de manger ensemble, mais à part ça, j'étais à l'époque complètement libre de mon temps. Je le suis toujours, d'ailleurs. Alors, je me suis accrochée à Alissia, Alex, Annie-Jade et à Jessica qui venait de terminer son secondaire et qui me semblait, à l'époque, la reine des *hot*. Je les ai suivies partout. Elles m'ont fait rencontrer des tonnes de monde. Du bon et du moins bon, des cons et des moins cons.

« La seule chose avec laquelle je n'arrivais pas à être d'accord, c'est la relation qu'elles avaient avec tous ces gars, avec qui elles couchaient sans les aimer, sans se poser de questions, sans que ça veuille dire quoi que ce soit. Quand j'ai réalisé ça, j'ai eu comme un malaise. Mais je ne m'en suis pas occupée, me disant qu'elles pouvaient bien faire ce qu'elles voulaient, que je n'avais pas besoin de faire la même chose. Mais ça ne dura malheureusement qu'un temps. Elles finirent par me convaincre que c'était sans conséquence, que c'était juste pour s'amuser et que le jour où je tomberais vraiment amoureuse d'un gars, au moins j'aurais assez d'expérience pour le garder… Leur logique me semblait douteuse, mais je me dis que si je voulais vraiment être traitée comme faisant partie de leur gang, il faudrait bien que je fasse comme elles. Déjà, l'idée faisait son chemin...

« Vint le moment où Sébastien s'est mis à s'intéresser à moi. L'hiver tirait à sa fin, ça commençait même à sentir le printemps et, bonheur pour moi, les choses allaient de plus en plus mal avec Catherine, l'ancienne chanteuse de ZigZog. Alissia et Alex me firent comprendre que Sébas chercherait peut-être une nouvelle chanteuse d'ici la fin de l'année scolaire et que si je voulais mettre toutes les chances de mon côté, je n'avais qu'à lui faire de l'œil, car apparemment, il me trouvait de son goût. Le problème, c'était que je le trouvais aussi pas mal intéressant, assez, en tout cas, pour l'imaginer être mon chum! Si m'approcher de lui était une façon, en plus, d'être embauchée par le groupe, je ne faisais que joindre l'utile à l'agréable!

«Je ne mis pas tellement longtemps à faire comprendre à Sébas qu'il m'intéressait et dès notre première sortie juste tous les deux, j'avais déjà fait avec lui, au parc, ce que je n'avais fait qu'une fois avec mon ex après plusieurs mois. J'étais certaine qu'il me trouvait spéciale et qu'il voudrait que nous devenions plus que des amis, que notre relation soit plus profonde que celle avec Alissia, Alex et Annie-Jade. Celles-ci se le passaient comme elles se prêtent des vêtements et lui ne semblait pas du tout s'en plaindre. J'espérais qu'avec moi, il n'ait plus besoin des autres, mais... non. J'aurais dû savoir... Tu vois, nous avons pensé à peu près la même chose, toi et moi! Mais, même si je voyais très bien ce qui se passait, je ne disais pas un mot. Je croyais vraiment que le peu que j'avais était beaucoup mieux que rien du tout. Tu ne peux pas savoir à quel point je me déteste! J'ai honte de moi, de ce que je suis devenue à cause de lui, des risques complètement imbéciles qu'il m'a fait prendre et de tout le reste, car Monsieur déteste les condoms... »

— Oui, je sais...

— Je peux pas croire que je l'ai laissé faire tout en sachant qu'il baisait en même temps avec les trois pires putes de l'école ! Car Alissia, Alex et Annie-Jade ont, comme tu le sais peut-être, plusieurs autres « amis » dont Yannick et ses copains. Bref, y a un beau mélange de cochonneries qui se promènent entre eux !

« En tout cas. Le temps passait et je me retenais de dire à Sébastien comment je me sentais avec lui : je savais que ça l'aurait fait s'enfuir à toutes jambes. Je réussis sans problème à faire partie du *band,* ma voix étant assez convaincante. Et là, Sébas s'est mis à faire des allusions de plus en plus fréquentes à de nouvelles expériences, insinuant qu'il aimerait bien essayer *des choses* avec Yannick et moi, peut-être une des autres filles aussi. Au début, j'étais complètement choquée, mais encore une fois, je ne disais rien. J'ai quand même réussi à refuser et à éviter les situations embarrassantes. Je voulais bien accepter de partager Sébastien pour pouvoir être avec lui, mais de là à me partager, moi, il n'en était pas question ! Mais Sébas avait son idée derrière la tête... et c'est au party de la Saint-Jean-Baptiste que je l'ai compris, quoique trop tard, beaucoup trop tard.

« Les parents de Jérôme ont un chalet à environ une heure d'ici et c'est là que nous avons décidé de fêter. J'étais terriblement excitée à l'idée de passer la nuit avec Sébas. Peut-être que j'allais même trouver le courage de lui parler de nous deux, de comment j'aimerais que les choses se passent. Je me disais que si les circonstances s'y prêtaient, je tenterais sans doute ma chance. Il était venu me chercher vers la fin de l'après-midi ; nous étions six dans la voiture. Le *band* dormirait à l'intérieur du chalet et les invités, à l'extérieur, sous des tentes. Il faisait beau, c'était une soirée magnifique pleine d'étoiles, exactement comme je me sentais. Nous étions probablement une trentaine, la musique était forte et bonne, on dansait et on buvait. Sébastien était tellement gentil avec moi — j'aurais dû me douter de quelque chose —, mais en fait, je m'accrochais à l'espoir idiot qu'il avait peut-être enfin décidé que notre relation devrait être différente...

« Sébas n'arrêtait pas de m'embrasser, de se coller contre moi, langoureux, j'aurais presque dit, amoureux. Au point où même Alissia me faisait des petits clins d'œil complices. Elle était la seule, du moins je le croyais à l'époque, à connaître mes sentiments pour Sébas, et je pensais sincèrement qu'elle était heureuse pour moi.

« Certains avaient apporté de la bière, d'autres

de la vodka ; toutes sortes de choses coulaient à flot et j'étais un peu soûle. Sébastien m'entraîna dans le sous-bois et commença à me caresser. Je jubilais ! Il n'avait regardé que moi depuis qu'on était là. Il me caressa, remonta ma jupe et sa main se glissa dans ma culotte. J'étais déjà tout humide et excitée. Mais il arrêta et me dit à l'oreille :

— C'est une nuit et une soirée dont tu vas te souvenir longtemps, ma belle ! Tu ne perds rien pour attendre !

« Il savait de quoi il parlait, le salaud ! Il m'a attirée de nouveau vers les autres et m'a offert un verre, puis un autre. Là, j'étais pas mal éméchée, mais j'étais bien. Je dansais, je sentais le regard de Sébas et des autres sur mon corps et j'aimais ça. Il disait que je l'excitais, et ça me rendait heureuse, si heureuse... En me prenant par la main, il m'a entraînée à l'intérieur. Il s'est dirigé vers l'une des chambres dans laquelle trônait un immense lit de bois et m'a déshabillée d'une manière que je trouvai un peu brutale, mais que je mis sur le compte de l'excitation. Il a enlevé ses vêtements à son tour et m'a attaché les poignets à la tête du lit. »

Julianne se tut, et je l'entendis renifler. Elle pleurait, et je commençais à être mal à l'aise. Je pressentais que quelque chose de grave allait venir, mais je ne savais que faire d'autre à part l'écouter, même si j'appréhendais la suite. Je me dis que si c'était difficile pour moi, ce devait l'être encore plus pour elle...

« Je ne savais pas trop ce que Sébas avait derrière la tête, mais je le laissai faire.

— T'es pas contre un peu de fantaisie, n'est-ce pas, ma chérie ?

« Ma chérie ! C'est tout ce que j'entendis. » Julianne renifla de plus belle. « Il me redonna à boire. Je tentai de refuser, j'étais déjà trop soûle, mais je bus quand même. Ma tête tournait et mes yeux se fermaient tout seuls. Mais en même temps Sébastien était là, près de moi, et il venait de dire "ma chérie", alors, que demander de mieux ?

« Il grimpa sur le lit et mit sa queue dans ma bouche, tout doucement. Tant bien que mal, étourdie, je réussis tout de même à lui donner ce qu'il attendait, du moins pendant quelques minutes. Puis, il descendit plus bas et me pénétra presque durement, empoigna mes seins avec un peu trop de force à mon goût, les mordit, et je n'étais plus certaine du tout de vouloir qu'il continue. Il devait être soûl lui aussi, et je commençai à m'inquiéter. Mais il se radoucit. Je fermai les yeux et manquai m'endormir. Ma tête tournait tellement ! La voix pâteuse, je demandai à Sébas de me détacher ; je me sentais vraiment moins bien et je voulais me relever.

— Dans une minute, oui, dans une minute. Tu

veux que j'arrête maintenant, OK. On va prendre une petite pause... Il se retira, et j'eus juste le temps de me dire que s'il acceptait d'arrêter, c'est que je n'avais aucune raison de m'inquiéter... Mais je le sentis à nouveau qui glissait entre mes lèvres. J'ouvris les yeux et réalisai que quelque chose n'allait pas du tout. Ce n'était pas Sébastien qui était là, au-dessus de moi : la queue dans ma bouche n'était pas la sienne. Je ne pouvais voir qui c'était et tentai de détourner la tête, mais quelqu'un m'en empêchait. Des mains de fille... d'Alissia, probablement, car je l'entendis rire. Crois-le ou non, elle *riait*... »

Là, Julianne se mit à pleurer plus bruyamment. Je ne pus me retenir plus longtemps et allai la trouver dans son lit. Je la pris dans mes bras comme si elle était une toute petite fille et lui flattai les cheveux. C'est tout ce que je trouvai à faire, mais elle accepta sans retenue.

— T'es pas obligée de continuer, Julianne. Si ça te fait mal...

— Mais il faut que je continue ! Je n'ai jamais raconté ça à PERSONNE !!!

Elle prit une profonde inspiration et continua.

« J'entendis Sébastien rire aussi en disant qu'il pouvait continuer puisque je ne protestais plus... Comment aurais-je pu ? Il me pénétra de nouveau, mais encore une fois trop fort. Il me faisait mal, m'écorchait, et j'étouffais avec l'autre dans ma bouche et quelqu'un, sans doute Sébastien, qui me blessait encore les seins. Je tentais de me débattre, mais je n'y arrivais pas.

— Voilà une gentille fille ! s'exclama Sébastien. Je voulais juste vérifier si ce qu'Alissia m'avait dit était vrai. On dirait bien que oui : tu ne peux rien me refuser !

« J'étais comme pétrifiée. Alissia lui avait tout raconté. Et plutôt que de m'offrir ce que je voulais, il s'offrait ce qu'il voulait, lui, se disant que j'étais prête à tout accepter par amour pour lui... »

Julianne fit une pause ; je l'entendis respirer bruyamment, péniblement, comme si elle avait du mal à reprendre son souffle pour continuer.

« Je le haïssais. Je détestais Alissia, qui m'avait si lâchement trahie. Je les détestais tous et cette haine, au lieu de me donner de la force, m'a comme anéantie. La vodka a fait le reste, j'imagine...

« Yannick, car c'était lui, se retira de ma bouche et Alissia y versa encore de la vodka. J'ai essayé de la recracher, mais elle en versait encore plus dans ma bouche. C'était trop, j'allais vomir ou étouffer, je paniquais... »

Elle hoqueta. Elle devait revivre tout ça, et je souffrais autant qu'elle. Je pouvais presque goûter la boisson brûlant ma gorge et j'en avais la nausée... Je croyais que Julianne s'arrêterait là, qu'elle ne pourrait aller plus loin, mais une fois encore, elle trouva la force de poursuivre :

« La dernière chose que j'ai vue avant le "black-out", ça a été Yannick qui me regardait, agenouillé entre mes cuisses, et tous les autres derrière lui, qui avaient l'air d'attendre leur tour : Marc-Antoine, Félix, des gars de l'école et d'autres que je ne connaissais même pas... »

Julianne sanglotait à fendre l'âme. J'étais bouleversée. Je n'arrivais pas à croire qu'on lui ait fait ça, que ces gars et ces filles que j'avais côtoyés aient pu se rendre aussi loin dans la méchanceté et le mépris. Puis, ma colère refit surface. Décuplée. Centuplée. Je bouillais de l'intérieur comme ça ne m'était jamais arrivé.

— Mais c'est un viol, Julianne ! C'est un viol pur et simple ! Faut faire quelque chose !!!

— Ah oui ? Et qu'est-ce que tu voudrais que je fasse ? Que j'aille à la police et que je leur dise que j'étais partie de mon plein gré à une centaine de kilomètres de chez moi avec mon petit ami et des copains et que les choses avaient mal tourné ? Je ne pourrais même pas leur donner les faits exacts. J'aurais l'air de quoi, d'après toi ? Et qu'est-ce que je dirais à mon père, hein ? T'as pensé à ça ? Tu voudrais que je dise que j'ai été violée par mon propre chum et je ne sais pas trop qui d'autre ? Que je n'ai pas dit clairement à Sébastien d'arrêter simplement parce que j'étais trop occupée à me battre pour ne pas étouffer ? Que je n'ai aucune idée de ce qui est arrivé ensuite ?! Tu crois qu'il dirait quoi, mon père, hein ? La même chose que la police et tout le reste de la ville probablement : que tout ça était ma faute ! Que je l'avais bien cherché ! Et tant pis pour moi !

— C'est pas vrai, Julianne ! Et peu importe comment les choses se sont passées, ce que Sébastien t'a fait à lui seul est déjà assez grave ! Et il y avait des témoins, non, d'autres personnes qui pourraient appuyer ton histoire ?

— Des témoins ? Tu veux dire des gars qui ont probablement participé à tout ça et qui auraient bien trop peur de s'en prendre à Sébas et à Yannick ? Alissia, peut-être ? Mais tu rêves ! Ce serait ma parole contre la leur, et c'est moi qui serais prise avec toute la merde !

— Alors, c'est probablement une bénédiction que t'aies perdu la carte !

— Une bénédiction ? Vraiment !

Julianne était furieuse, déchaînée.

— Aimerais-tu te demander, nuit et jour, ce qui t'est arrivé sans jamais avoir la moindre réponse ? Aimerais-tu savoir que des gars se sont servis de toi, se sont *vidés* dans toi sans que tu saches vraiment qui et combien ? Comment pourrais-tu vivre avec ça, toi ? Hein ??? Si au moins j'avais été réveillée, je saurais contre qui m'en prendre ! Je pourrais savoir au moins qui je devrais avoir envie de tuer !!!!

Elle se dégagea de moi et se roula sur elle-même, se tordant de douleur et pleurant à gros sanglots insoutenables. Elle avait raison, évidemment. Quoi de pire que ne pas savoir, de s'imaginer toutes sortes de scénarios grotesques ? Peut-être qu'après tout les choses n'avaient pas dérapé aussi loin. Ce serait là la seule bénédiction s'il y en avait une. Mais Julianne n'avait aucun moyen de le savoir, et ça devait littéralement la ronger de l'intérieur. Je compris un peu mieux un tas de choses. Son attitude. Son revirement de comportement. Tout le reste. Mais surtout, que je m'en étais tirée à bon compte finalement, comme Julianne avait eu raison de le dire. À très bon compte, même. Mais dans ma tête, il était inacceptable que tout ceci reste non dit et surtout non puni. Sébastien et tous les autres qui avaient participé à cette horrible scène devaient en payer les conséquences. Je savais que ce n'était pas si simple... Il devait pourtant y avoir un moyen !

— Tu ne te souviens de vraiment rien, n'est-ce pas ?

— Non, rien du tout. J'ai fermé les yeux parce que je ne voulais plus voir, parce que je ne voyais rien, de toute manière. Et quand je les ai ouverts de nouveau, j'étais ailleurs, dans une chambre que je ne connaissais pas, entièrement habillée et enroulée dans des draps propres. C'est Frédérick qui m'avait emmenée là.

— Où ça ?

— Chez lui.

« Il était dehors quand tout ça se passait. À un moment, quelqu'un est sorti et a dit qu'il se passait des choses pas correctes en haut et il est venu voir. Mais tout était terminé. Ils m'avaient laissée là, nue sur le lit, mais avaient tout de même détaché mes bras. Frédérick m'a habillée, m'a mise dans sa voiture et m'a ramenée chez lui. Il était tard, mais il n'avait presque rien bu. Son père est alcoolique, et à cause de ça Frédérick est comme "allergique" à l'alcool, il déteste ça. Il n'était pas question qu'il reste là après ce qui venait de se passer. Même s'il ne savait pas non plus jusqu'où les choses s'étaient rendues, il était clair pour lui que je ne voudrais pas me réveiller le lendemain dans ce chalet. Il avait depuis longtemps deviné mes sentiments envers Sébas et n'approuvait absolument pas la façon dont celui-ci se comportait. Mais il n'y pouvait rien et, quelque part, ça ne le regardait pas. Jusqu'à ce soir-là où il a décidé qu'il fallait qu'il s'en mêle.

« Quand je me suis éveillée, j'étais seule dans un lit inconnu. J'avais un mal de tête épouvantable intensifié par la lumière du soleil qui m'aveuglait, et l'estomac à l'envers. Je n'avais aucune idée où j'étais, tout tournait et je me sentais terriblement mal. Et là, en regardant par la porte-patio, j'ai vu Frédérick assis sur une chaise. Comme je savais qu'il vivait dans un appartement au-dessous de chez ses parents, j'en conclus que j'étais chez lui. Mais qu'est-ce que je faisais donc là ? Je sentais une espèce de panique m'engourdir, mais j'avais trop mal à la tête et au cœur pour m'énerver.

« Quand il a vu que j'étais réveillée, il est entré, est allé me chercher une tasse de café et m'a demandé comment je me sentais. Il avait l'air tellement mal à l'aise ! Il devait se demander dans quel état j'étais et de quoi je me souvenais. Il avait passé le reste de la nuit à se demander — il se le demandait toujours — s'il aurait dû m'emmener à l'hôpital ou au poste de police. Mais comme il ne s'était fait raconter que les grandes lignes, il ne savait pas au juste ce que Sébas et les autres m'avaient fait... En attendant mon réveil, il avait dormi tant bien que mal sur un divan dans l'autre pièce.

— On est chez moi. Je t'ai ramenée hier soir. J'ai pensé que c'était la meilleure chose à faire, la seule que je pouvais faire, en tout cas...

« Tout m'est revenu d'un coup. J'ai senti mon estomac faire un bond vers le haut et j'étais certaine que j'allais vomir, mais rien ne sortait. Mon estomac se tordait de spasmes desquels rien ne s'échappait. J'étais en sueur, j'avais mal partout et je me suis mise à pleurer. J'avais honte de la veille et de ce que je faisais là, dans son lit. J'avais tellement mal. Frédérick ne savait plus où se mettre.

« Puis, j'eus un horrible doute. Frédérick avait-il lui aussi pris part aux festivités ? Savait-il mieux que moi tout ce qui s'était passé ? Je relevai la tête péniblement et le dévisageai. Mais ce que je vis dans son regard me rassura. Je fus certaine qu'il n'avait fait que me venir en aide. Rien d'autre. Je pleurai, je hurlai de douleur, de rage, de désespoir, et il m'a prise dans ses bras. Je me suis débattue, je me revoyais au chalet et je ne voulais pas qu'il me touche. Mais il ne m'a pas lâchée, il m'a bercée, m'a serrée fort contre lui. Quand je me suis un peu calmée, il m'a apporté un verre d'eau et des comprimés pour mon mal de tête. J'avais si soif... Puis il m'a demandé ce que je voulais faire. Il m'a suggéré lui aussi de téléphoner à la police, de porter plainte, de faire quelque chose. Il m'a dit qu'il resterait avec moi, qu'il donnerait sa version — du moins ce qu'il savait, ce qui était peu, car il n'avait lui aussi que des soupçons —, et que je pouvais compter sur lui...

« Je lui demandai plutôt si je pouvais me laver et

je pris la plus longue douche de ma vie. Dans la salle de bains, assise au fond de la baignoire avec l'eau qui me coulait dessus, je pleurai. J'avais la nausée, mon ventre se contractait encore et je pleurais toujours. Je voulais mourir. Sérieusement, je voulais mourir. Je me disais qu'il serait beaucoup plus simple d'en finir là, tout de suite, comme ça je serais sûre d'oublier, de faire disparaître une fois pour toutes ces images dégueulasses qui défilaient constamment dans ma tête. Mais tu vois, je n'avais même plus la force de faire quoi que ce soit.

« J'ai dû rester là une heure, et Frédérick m'a laissée faire. Il me disait de prendre mon temps. Je sentais qu'il était bouleversé, qu'il ne savait pas quoi faire.

« Quand je suis sortie de la douche, j'ai ramassé mes choses et je suis partie. Frédérick a bien essayé de me retenir. Puis il m'a offert de me raccompagner, peu importe où je voulais aller — il a mentionné la police, l'hôpital une fois de plus —, mais il n'en était pas question. La honte, encore. Qu'est-ce que j'aurais fait là-bas ? Qu'est-ce que j'aurais raconté ? Ils auraient averti Maude, mon père... Trop dur. Impossible. Impensable. Mon corps était une grosse plaie, et mon cœur était devenu comme une lourde pierre. C'est comme si toute cette douleur, toute cette honte que j'avais en moi était trop grosse, prenait trop de place dans mon corps. À un moment donné, j'ai ressenti comme une cassure, un peu comme un arbre qui craque pendant un orage, puis plus rien. Tout à coup, je ne ressentais plus rien du tout. Et c'était très bien ainsi. En arrivant chez moi, j'ai coupé mes cheveux. J'ai jeté toutes les jupettes et les vêtements de poupoune que les couleuvres — c'est comme ça que moi, je les appelle — m'avaient fait acheter, et j'ai presque renversé mon piano, mais je me suis retenue. Ensuite, je me suis écrasée dans mon lit, j'ai dormi, j'ai pleuré dans mon sommeil, j'ai crié. Maude a fait de son mieux, mais elle ne pouvait rien pour moi. Il fallait que le poison sorte de mes veines, de ma tête, et il le faisait pendant mon sommeil. C'était vraiment bizarre. Endormie, c'est comme si le barrage cédait... Éveillée, j'avais froid mais moins mal, et je ne me souvenais plus des rêves qui avaient effrayé Maude. Je voyais bien qu'elle était inquiète, mais j'étais tout simplement incapable de lui raconter quoi que ce soit. En fait, et probablement à cause de ce qui t'est arrivé, t'es la première à qui j'en parle. Si tu racontes ça à qui que ce soit, je pense que je mourrai. Et là je ne te fais pas de menaces, je dis les choses telles qu'elles sont... »

— T'as ma parole, Julianne. Même si je crois quand même que tu devrais les dénoncer, ça ne peut être que ta décision. Un jour peut-être...

— Peut-être.

Julianne demeura silencieuse encore une fois, et je n'osais pas briser le silence. Puis, d'une voix chevrotante elle finit par me dire :

— Tu sais quoi ? Je peux pas croire que c'est ça, le sexe. Ou si c'est ça, qu'il y ait du monde assez con pour appeler ça faire *l'amour.* L'amour... pfff ! J'arrive pas à comprendre pourquoi tout le monde pense au sexe tout le temps, que moi-même j'aie eu hâte de savoir ce que c'était. *Ça ?* C'est *ça* que tout le monde veut ? Laisse-moi te dire une chose, c'est de la merde. C'est dégueulasse. Je veux plus me faire toucher, je veux plus jamais vivre ça. Jamais.

Je voulais l'interrompre, lui dire que non, ça ne pouvait pas être que ça. C'était impossible ! C'était supposé être beau, être bon. Ça devait bien pouvoir se passer autrement, non ? Toutes ces belles paroles de « bons souvenirs » de la première fois, de jouissance, de plaisir et de passion, n'étaient-elles que des conneries ? Si tel était le cas, c'était, en effet, assez déprimant. Mais Nadia ne m'aurait pas menti, n'est-ce pas ? Ou était-ce nous qui n'avions pas ressenti ce qu'il y avait à ressentir ? Étions-nous trop difficiles ? Avions-nous trop espéré de tout ça ? Mon côté « éternelle optimiste » refusait de croire que ça ne se résumait qu'à ça. Pourtant, après cette soirée et tout ce que m'avait raconté Julianne, j'avais un affreux, un sérieux doute, moi aussi.

* * *

De retour sur mon petit matelas, je tentai de dormir un peu avant que le jour se lève, mais j'étais complètement bouleversée. Ma propre expérience avait été reléguée au second plan, du moins pour un temps. J'étais incapable de tout avaler; dans ma tête, l'histoire de Julianne et la mienne se confondaient. Je me demandais comment j'allais continuer comme avant, comme si rien ne s'était passé... et je revis les derniers mois avec un tout nouveau regard. Tout était clair, maintenant. Limpide. L'ancienne Julianne était disparue, détruite. La nouvelle Julianne ne voulait plus avoir le moindre point commun avec l'ancienne, ne voulait même plus qu'on la reconnaisse. Et elle ne voulait surtout plus qu'on la trouve jolie, attirante. Tout valait mieux que de se retrouver nue avec un gars. Rien à foutre. Si ce qu'elle pouvait espérer récolter d'une relation amoureuse ressemblait à ce qu'elle avait vécu avant et pendant cette soirée, elle préférait, et de loin, s'en passer, sans le moindre regret!

Je me découvris une admiration immense envers elle, car, malgré tout ce qui lui était arrivé, elle avait trouvé une façon de continuer à vivre avec ce poids. Elle n'avait plus chanté une seule note, elle en était physiquement incapable, et je le comprenais bien. On peut cacher ses sentiments sur un instrument, mais pas dans sa voix. Surtout pas des sentiments aussi insupportables. Mais elle avait continué à jouer du piano, s'y était jetée corps et âme, en fait, et c'était la seule chose qui la soulageait. Temporairement, du moins. Elle utilisait la musique pour se perdre, pour oublier momentanément, pour surmonter son désespoir.

Il lui avait fallu retourner à l'école l'automne dernier. Elle n'avait pas eu le choix... sinon elle aurait dû raconter tout ce qui s'était passé à son père et elle voulait éviter ça à tout prix. Elle avait donc passé l'été à se construire une carapace, une enveloppe blindée. Noire. Aussi noire que ses pensées. Comme elle avait été courageuse! Quel courage il lui avait fallu pour faire face aux couleuvres — oui, ce nom leur allait tout à fait! — et à tout le reste. Elle avait beau dire qu'elle ne ressentait plus rien, je ne la croyais pas. Sa fragilité et son désespoir quand elle m'avait tout confié m'avaient prouvé que ce n'était pas le cas.

C'était donc ça, le mystère de la transformation de Julianne. Je me demandais bien comment je me serais débrouillée, moi, à sa place, et je frissonnais juste d'y penser. Moi, au moins, contrairement à Julianne, je ne passerais pas mes journées à regarder des gars en me demandant s'ils avaient été là, dans cette chambre maudite, s'ils avaient... Enfin. Et dire que je l'avais trouvée bizarre et si peu sociable ! Je m'en voulais, et les commentaires si peu subtils des jupettes me semblèrent d'autant plus odieux que je connaissais maintenant son histoire. Les autres gars et filles que j'avais côtoyés et qui se moquaient d'elle avaient-ils participé, eux aussi, à cet acte bestial ? Je revoyais leurs visages moqueurs, enlaidis par la méchanceté. Tout ça me semblait déjà si lointain, si incroyable ! Je me revis à la rentrée. Si naïve, si insouciante, si imbécile ! J'étais entrée dans ce décor sans rien savoir, sans rien soupçonner, comme si tout avait été décidé d'avance.

Puisqu'il n'était pas question que Julianne retourne chanter pour Sébas et que Frédérick avait donné sa démission, le *band* avait fait une pause durant le reste de l'été. Puis, lorsque le fameux gérant avait fait surface en août, Frédérick avait accepté, presque malgré lui, de les dépanner jusqu'à ce qu'ils trouvent un autre batteur pour le remplacer. Et c'était là que j'étais entrée dans l'histoire.

J'étais certaine que Julianne ne trouvait pas davantage le sommeil que moi. Je lui dis donc, tout doucement :

— T'as essayé de me prévenir... Merci.

— Ouais, bin, on dirait que ça n'a pas été très efficace...

— Tu n'as rien à te reprocher. J'étais dans ma bulle et ce qu'ils m'ont fait subir n'est rien à côté de ce que t'as vécu. Mais qu'est-ce qu'on pourrait faire pour les faire payer ?

— Tu sais, j'ai toujours pensé qu'on récolte ce qu'on sème. Pour le moment, je veux juste continuer ma vie sans avoir affaire à eux. C'est tout ce que je demande, qu'on me laisse tranquille. T'as pas idée à quel point je me retiens pour ne pas leur sauter dessus, surtout les couleuvres quand elles se moquent de moi ou me font des coups à l'école... Mais il me reste juste à attendre la fin de l'année, la fin de mon secondaire, et j'aurai enfin la paix. La sainte paix.

— Et Maude dans tout ça ?

— Maude ? Bin, rien, Maude. Je ne peux rien lui dire, j'ai trop peur qu'elle parle à mon père. Mon père est du genre à piquer une crise et me traiter d'irresponsable. J'ai pas besoin de ça.

— Ton père n'a rien remarqué ? Rien du tout ? Pas très observateur...

— Oh, oui ! Il a remarqué mon changement. Mais pour ce qui est de la communication, avec lui, c'est pas fort. Il m'a demandé : « Est-ce que ça va ? Les amis, ça va aussi ? Pourquoi tu t'arranges comme un épouvantail tout d'un coup ? C'est quoi l'idée du nouveau look? C'est pas comme ça que tu vas te faire des amis ! » Quand je lui ai répondu ce qu'il voulait entendre, genre : « Bin oui, ça va, t'inquiète pas. Tout est beau. J'étais juste tannée de ressembler à tout le monde », il a répondu : « Ah ! vous autres, les ados, on dirait bien que vous aimez ça, avoir l'air bizarre ! » J'ai entendu Maude, plus perspicace que lui, essayer de lui parler un soir qu'ils me pensaient couchée. Il a juste dit : « Tu t'en fais pour rien. C'est juste la crise d'adolescence, on est tous passés par là, non ? »

— Mouais... pas fort. Et Maude, elle a gobé ça ?

— Non, je pense pas. Et je sais qu'elle ferait tout pour m'aider, mais...

— Oui, moi aussi, j'en suis sûre. Elle pourrait peut-être nous aider à trouver une façon de nous venger...

— Nous venger ? Ça va donner quoi ? Comme je te disais, on finit toujours par récolter ce qu'on sème. Tu verras. En attendant...

— En attendant ?

— Je suis vidée... tellement vidée...

J'ai entendu sa respiration devenir plus lente, plus profonde, et vis qu'elle s'était enfin endormie. Et moi, en petite boule tout près de cette fille que je connaissais à peine quelques heures plus tôt et de qui je me sentais presque plus proche que de ma propre mère, j'ai dormi aussi. Contre toute attente. J'ai dormi avec elle le peu qui restait de la nuit : quelques heures, bien entendu peuplées de rêves bizarres où des diables et des couleuvres cédaient la place au spectacle, à la magie de la scène. Je me suis éveillée plusieurs fois, en sueur, un goût amer au fond de la gorge, et j'ai pleuré. Pour moi mais pour Julianne aussi. À un moment, j'ai réalisé que cet épisode m'avait fait devenir une femme aussi sûrement et peut-être même plus que si j'avais passé la nuit avec Sébastien. Femme avec tous les bons et les moins bons côtés, car finalement, je n'étais plus du tout certaine de vouloir en être une, une femme...

* * *

Le lendemain, en fin d'avant-midi, Maude m'a raccompagnée à la maison alors que Julianne dormait toujours. Je fus soulagée de voir que ma mère et Michel n'étaient toujours pas rentrés...

Avant que je descende de la voiture, Maude me prit doucement le bras :

— Je ne sais pas de quoi vous avez parlé hier soir, mais j'ai entendu Julianne pleurer. Je ne saurai probablement jamais ce qui s'est passé, mais pleurer et se vider le cœur est probablement ce dont elle avait le plus grand besoin. Merci.

— Hmmm ! Je pense que t'as bien raison. Je

pense que je viens de me faire une nouvelle et précieuse amie...

Chapitre 12

Un simple « incident » ?

Effectivement, au fil des jours et des semaines, Julianne et moi allions devenir de plus en plus proches. Comme Mélo était souvent avec Jonathan, moi, j'allais apprendre à connaître et à apprécier Julianne. Tout doucement, elle se laisserait apprivoiser et semblerait vouloir retrouver une sorte d'optimisme. Pour moi, après cette soirée tristement mémorable, le plus difficile allait être, évidemment, le retour à l'école.

La journée du dimanche se passa comme dans un épais brouillard. Je me sentais complètement à plat et j'avais envie de ne rien faire, surtout pas chanter. Je ne voulais que dormir. Je savais que le lendemain serait infernal, que je devrais faire face aux conneries des couleuvres — oui, ce surnom était parfait —, à leur air méchant, leurs chuchotements. Je me demandais quelle attitude prendre et compris que la dernière chose que j'avais envie de leur montrer était ma peine. Elles en profiteraient pour me rabaisser encore plus. Non, il fallait que je trouve le moyen de leur montrer que je les trouvais idiotes, ridicules, pathétiques, et que ce genre de relations, tant avec elles qu'avec Sébastien, ne m'intéressait pas, que je n'en avais pas besoin et, surtout, que je méritais bien mieux. Ouf! Tout un contrat. Ça commencerait dans l'autobus...

Heureusement, il y aurait Julianne. J'avais déjà hâte de la revoir et j'irais sans hésiter — avec joie, même — m'asseoir avec elle. Oui, plusieurs commentaires stupides et insignifiants retentiraient sûrement, mais je savais maintenant, avec plus de conviction que je n'en avais jamais éprouvé, que celles qui mériteraient qu'on se moque n'étaient pas Julianne et moi, mais plutôt ces trois idiotes. Ce n'étaient, après tout, que des mots. Elles ne pouvaient rien me faire de plus. Il fallait seulement que je trouve la force de ne pas entrer dans leur jeu et m'abaisser à répliquer...

J'avais pensé demander à ma mère de me conduire à l'école, mais comme elle ne pourrait pas le faire le reste de l'année, je devrais bien faire face aux jupettes un jour ou l'autre. Autant régler ça le plus rapidement possible...

Ma mère se doutait bien que quelque chose n'allait pas. J'avais passé le dimanche sans manger, sans parler, sans faire quoi que ce soit. D'ailleurs, elle sentait que plusieurs choses n'allaient pas depuis qu'elle et Michel étaient rentrés. Pas folle, ma mère. Je ne lui avais presque pas parlé du *band* ni du spectacle. Je sursautais quand le téléphone sonnait, appréhendant un appel de Sébastien. Avec ce que je venais d'apprendre de Julianne, j'espérais, pour lui, qu'il n'ait pas le culot de téléphoner. Ma mère devait soupçonner une peine d'amour et c'était, effectivement, un peu ça. Mais je pense qu'elle savait qu'il y avait plus. Je crois même qu'elle avait deviné, par un instinct propre aux mères, que je n'avais pas passé la nuit chez Mélo, et elle était terriblement inquiète. Le soir venu, donc, elle vint dans ma chambre et s'assit sur mon lit.

— Je te dérange, ma grande ?

— Non, ça va...

— Ah oui ? J'aurais plutôt pensé que ça n'allait pas fort, fort...

— Bof. Non, c'est pas fort.

Je lui racontai que j'allais quitter le *band,* lui avouai même que c'était à cause de Sébastien. Mais je ne lui donnai pas les détails. Elle me demanda comment la soirée s'était passée, le spectacle surtout, et je lui répondis en toute honnêteté que, jusqu'à la dernière note de la dernière pièce, ça avait été la plus belle soirée de ma vie. Quant à la suite, je ne savais pas trop comment en parler, mais je voulais qu'elle sache qu'elle pouvait me faire confiance ; aussi je lui avouai que je n'avais pas passé la nuit chez Mélo, mais plutôt chez une autre fille, Julianne. Je lui jurai que je ne l'avais pas passée avec Sébas, ce qui était la vérité, en fait. Mais je déformai un tout petit peu cette fameuse vérité en disant que Julianne m'avait offert de rentrer avec elle plus tard et que j'avais accepté quand j'avais vu que Mélo partait et que j'avais vraiment envie de rester un peu...

Et là, j'ai eu très envie de tout raconter à ma mère. Tout. Je savais qu'elle comprendrait, qu'elle ne se fâcherait pas. J'avais surtout envie de me blottir dans ses bras, comme quand j'étais petite et que je m'écorchais le genou. Mais Julianne m'en empêcha. Je l'entendis me dire « on récolte toujours ce qu'on sème » et choisis d'attendre avant de parler à ma mère. Attendre pour voir comment se passeraient les prochains jours. Il serait toujours temps.

Une évidence s'imposa enfin à moi : je ne ressentais plus la moindre goutte d'amour envers Sébas, que du mépris. Avais-je au moins réellement été amoureuse de lui ? J'avais maintenant un doute. Bien sûr, j'avais ressenti une très forte attirance envers lui, et j'avais été terriblement flattée d'attirer son attention. Mais amoureuse, l'avais-je été vraiment ? Et aujourd'hui, avec tout ce que je savais, pourrais-je même le regarder sans ressentir de la haine et une colère profonde ? Pourrais-je chanter avec lui sans avoir honte d'être là ? Non.

Je ne pourrais pas. Et j'étais fière de me sentir ainsi ; je savais que Mélo, Julianne, ma sœur, ma mère, tous ceux que j'aimais et admirais seraient entièrement d'accord avec moi. Je me sentais libérée d'un poids immense, légère et certainement moins nerveuse en envisageant la suite des événements.

* * *

Je m'attendais à différentes choses de la part des jupettes, mais certainement pas à ça. Je m'étais arrangée pour être à l'arrêt d'autobus bien à l'avance, mes écouteurs sur les oreilles et un chocolat chaud à la main, question d'avoir l'air en contrôle. Je pensais soit qu'elles m'ignoreraient complètement, ricanant entre elles en jetant des coups d'œil moqueurs en ma direction, soit qu'elles m'accosteraient carrément, m'encerclant comme elles savaient si bien le faire pour me railler ouvertement. C'est pourquoi, lorsqu'elles arrivèrent et se précipitèrent vers moi enjouées, sourires mielleux aux lèvres, je fus déstabilisée. Elles me sautèrent même au cou, me faisant presque renverser mon chocolat chaud, et jacassèrent toutes en même temps.

— Saja ! Quelle performance l'autre soir !

— Écoute, on te doit des excuses, t'es pas fâchée, au moins ?

— On avait trop bu, et Sébas aussi... tu nous pardonnes ? Tu sais que ce n'est pas important, tout ça, on est que des amis de Sébas, alors que toi, il t'aime BEAUCOUP !

— Tu étais tellement bonne ! Sébas est inquiet, il espère bien que tu lui en veux pas trop... Il a promis que ça n'arriverait plus, ce genre d'incident, c'est à cause de la téquila, tu comprends ?

— Quel spectacle ! C'était fou, hein ?

— Sébas est si fier de t'avoir trouvée comme chanteuse, il a tellement hâte au prochain show !

J'étais carrément assommée. Quoi ? Pas d'importance ? Pas fâchée ! Sébas m'aime BEAUCOUP ? ? !! Il a hâte au prochain SHOW !! Eh bien ! j'aurai tout entendu. Quelle belle façon de me montrer qu'il m'aimait beaucoup ! Je n'en revenais tout simplement pas. Elles croyaient vraiment que je ferais comme si tout ça n'avait été qu'un malentendu? Et Sébas, qui n'avait rien tenté, rien expliqué, qui ne s'était pas excusé, pensait *vraiment* que je passerais par-dessus cet *incident* ? !

Je bouillais. J'étais complètement, totalement enragée, mais je n'allais pas leur faire le plaisir de leur montrer. Je pris donc mon air le plus méprisant, celui que j'avais pratiqué devant le miroir la veille au soir, et leur dis :

— Fâchée, moi ? Pourquoi je serais fâchée ? Sébas

est un salaud et vous, vous êtes juste des petites connes sans cervelles, c'est pour ça que vous utilisez tellement votre cul. Je n'ai pas besoin de vos excuses ni de celles de Sébas qui, de toute manière, est trop lâche ou trop stupide pour les faire en personne. Je comprends TRÈS bien ce qui s'est passé, vous avez rien à expliquer et, vraiment, je ne pense pas que l'alcool ait quoi que ce soit à voir avec tout ça. J'ai été stupide de penser autrement. Bin oui, je pensais que ce serait différent, que vous aviez au moins *un peu* d'allure, mais je me suis trompée. Ça arrive à tout le monde. Maintenant, laissez-moi tranquille, allez faire vos petits *trips* de cul ensemble, moi ça m'intéresse vraiment pas. J'ai des chansons à écouter, qui sont pas mal plus agréables à mes oreilles que vos platitudes. Et pour ce qui est du prochain show, vous pouvez dire à ce cher Sébas qu'il peut se le mettre où je pense, son show!

J'étais fière de moi. Ouf! Je n'avais même pas bégayé, je ne m'étais pas énervée, méprisante, froide. Tout ça avec un calme olympien. *Yessss!* Je tremblais, étant peu habituée à être aussi vache. Mais c'était une question de survie. Je n'allais pas me laisser embobiner une fois de plus, et comme j'avais enfin les yeux ouverts, il m'aurait été impossible de les refermer. Si Julianne ne m'avait pas raconté ce qui s'était passé, je me serais peut-être laissé amadouer. Mais là, non. Tout ce qui s'était passé allait à l'encontre de ce en quoi je croyais, ça me choquait complètement. Je ne suis pas la fille aux principes les plus rigides, mais je ressentais, en plus de ma colère personnelle, une loyauté envers Julianne. Ce qu'ils avaient fait, à moi autant qu'à elle, j'étais incapable de l'ignorer.

Les trois filles étaient à leur tour abasourdies. Du moins pendant quelques instants. Puis leur naturel empoisonné refit surface et elles se défendirent en m'attaquant à leur tour.

— Ah! la petite fi-fille est fâchée. Hon! son amoureux lui a fait de la pe-peine. On savait bien qu'elle était trop jeune pour comprendre les vraies affaires et pour qu'on lui fasse confiance. Tant pis. On n'a pas besoin d'elle non plus, pis Sébas va s'en remettre. Et vite, genre, en deux minutes...

Elles tournèrent les talons et partirent plus loin en me jetant des éclairs. Comme je les trouvais insignifiantes! Je les imaginais déjà dans quelques années, vieilles, flétries, amères, grosses et laides, toujours affublées de leurs jupettes ridicules, n'ayant d'autres amies qu'elles-mêmes...

L'autobus arriva. Je les laissai monter bien avant moi et me dirigeai directement vers Julianne. Je lui prêtai une seconde paire d'écouteurs et c'est les oreilles remplies de bonne musique plutôt que de commentaires insipides venant de l'arrière de l'autobus que nous nous sommes rendues à l'école, nos pieds et notre tête suivant le rythme des chansons et de la complicité sincère que nous partagions.

Chapitre 13

Frédérick

En descendant de l'autobus ce lundi-là, j'eus la surprise de voir la voiture de Frédérick au coin de la rue. Il était là, appuyé dessus, et semblait nerveux. Les couleuvres descendirent avant moi et le virent. Elles lui adressèrent un salut de la main accompagné de quelques gloussements auxquels Frédérick ne répondit pas ou si peu — d'un haussement d'épaules négligent — en attendant qu'elles s'éloignent. Il se dirigea vers moi, la démarche incertaine, les mains dans les poches.

— Salut, Sarah-Jeanne...

— Salut...

— Je voulais juste voir comment t'allais... Je voulais m'excuser pour l'autre soir, je voulais pas...

— Je sais, c'est moi qui devrais m'excuser. Je n'avais pas le droit de te dire ce que j'ai dit, mais j'étais comme pas dans mon assiette...

— Avec raison. Écoute, j'ai appris que t'avais décidé de ne pas retourner avec le *band*.

— Déjà ! Les nouvelles vont vite !

— Ouais, Alissia a téléphoné à Sébas ce matin

et lui m'a laissé un message. Il voulait que j'essaie de te convaincre de rester...

— Laisse faire, Frédérick. Je te trouve bien correct, mais Sébas sait où j'habite et il a mon numéro de téléphone. Il peut faire ses messages lui-même...

— Mais je lui ai plutôt dit que je partais, moi aussi, tout de suite.

Je le regardai dans les yeux. Je ressentais tellement de choses contradictoires et ne savais absolument pas que penser de tout ça.

— Pourquoi ? Je pensais que t'attendrais qu'ils trouvent quelqu'un d'autre.

— Bin, là, sans chanteuse, il faudra qu'ils arrêtent, de toute façon. Et je suis plus capable d'être avec eux, je les trouve vraiment dégueulasses. Ce que Sébas t'a fait, ça me dérange beaucoup. Il est con. Il veut tout avoir tout le temps et il pense qu'il a le droit de jouer avec tout le monde. On est pas tous comme ça, je voulais juste que tu le saches. Si une fille comme toi s'intéressait à moi, tu peux être sûre que je la traiterais pas de même, moi !

— Oh ! je pense que j'ai pas voulu voir certaines choses parce que ça faisait mon affaire. Beaucoup de monde m'ont dit de faire attention, mais j'ai été assez stupide pour penser qu'avec moi, il serait différent…

— T'es pas la seule...

— Oui, je sais, il y a eu Julianne...

— T'es au courant ?

— Oui, elle m'a tout raconté. Je peux pas croire que j'ai côtoyé du monde capable de faire ça, que je voulais être la blonde de ce gars-là ! Je trouve que ce que t'as fait pour elle est vraiment, vraiment bien.

— Non, j'en ai pas fait assez. Si j'avais pu empêcher des choses de se produire, ça aurait été pas mal mieux...

— T'aurais pas pu savoir, Fred...

Il ne dit pas un mot ; il avait l'air loin, très loin, et si triste... Il se secoua tout à coup et me regarda droit dans les yeux.

— T'as été vraiment extraordinaire ce soir-là... dommage que ça finisse comme ça.

— Ça a été le plus beau soir de ma vie, jusqu'à ce que le spectacle finisse. C'était... magique. Mais c'est pas assez pour me faire continuer avec eux. Je trouverai bien un autre *band*.

— Hmmm ! tu me donnes une idée...

Il hésita et reprit :

— On s'en reparle, OK ?

Un sourire éclaira son visage. Ce merveilleux sourire qui le transformait, qui le rendait si beau. Ça me fit tout drôle, comme une décharge d'adrénaline...

Chapitre 14

La vie reprend son cours...

Les jours qui suivirent, je les passai à me consacrer à mes études, que j'avais quelque peu délaissées durant le premier trimestre. Mélo filait le parfait bonheur avec Jonathan, et j'étais vraiment heureuse pour elle. Je lui avais bien sûr raconté tout ce qui était arrivé le soir du party, sauf l'histoire de Julianne. Quand je lui avais répété ce que j'avais dit aux couleuvres ce fameux lundi matin, elle était restée bouche bée, puis m'avait sauté au cou. Elle n'arrêtait pas de crier : « Tu leur as vraiment dit ça ? Vraiment ?! *Yesssss !* Mon amie est une déesse ! » J'aurais été Wonder Woman en personne, avec la cape et tout, qu'elle m'aurait traitée de la même façon. Pâmée, elle était stupéfaite d'admiration. Ça me faisait plaisir évidemment, surtout que je me demandais encore comment j'avais pu leur dire des choses pareilles, et alors que normalement je n'aurais été capable que de bégayer quelque stupidité inintelligible. De son côté, Mélo partagea un tas de petits secrets avec moi : les sorties qu'elle faisait, comment elles se terminaient... Notre amitié était telle qu'elle l'avait été avant, avant les perturbations du début de l'automne. Jonathan et elle formaient un beau couple, un couple comme j'aimerais bien un jour en former un. Ils passaient beaucoup de temps ensemble et, même si ça m'empêchait de voir Mélo aussi souvent que je l'aurais voulu, ça me permit tout de même de me rapprocher de Julianne.

C'est évidemment par respect pour Julianne que je n'avais pas raconté à Mélo ce qu'elle avait vécu. Mais je lui avais laissé sous-entendre que la métamorphose de Julianne l'été précédent n'était pas arrivée pour rien et que Sébas et les jupettes n'y étaient pas étrangers. Elle se doutait que son histoire devait ressembler à la mienne... Mélo approuvait mon silence. De plus, elle avait aussi appris à connaître Julianne et, même si nous ne la voyions pas beaucoup à l'école, il nous arrivait de sortir toutes les trois les soirs où Julianne était en congé. Lentement, Julianne abandonna ses accoutrements bizarres et se trouva un style bien à elle. Un peu sombre mais un peu plus, disons, esthétique. Elle m'avait même demandé de l'aider à lui couper et colorer les cheveux. Julianne sortait de sa caverne sombre pour prendre l'air, et c'était très bien. Vraiment très, très bien.

À l'école, les AAA me laissaient tranquille, et c'était tout ce que je demandais. Bien entendu, tous ceux qui gravitaient autour d'elles et qui étaient subitement devenus mes « amis » devinrent aussi distants qu'elles. Je ne m'en plaignais absolument pas. Quant à Sébas, il n'avait pas donné signe de vie, me confortant dans l'image de lâche que je me faisais de lui. J'étais bien certaine qu'il m'avait déjà oubliée, et ça non plus, je ne m'en plaignais pas. Je surveillais discrètement le babillard près du local du journal pour voir si une nouvelle annonce de chanteuse y figurait, mais rien. Rien du tout. Ahhh... étais-je en train d'assister à la mort de ZigZog ? Quel dommage... J'étais vraiment triste pour eux. Effondrée. Ha !

Puis, un bon soir, Frédérick me téléphona pour m'inviter au cinéma. Je n'avais pas eu de ses nouvelles depuis cet autre jour en descendant de l'autobus, et son appel me fit tout drôle. Tout ce que je savais maintenant me poussait à avoir confiance en lui, à me dire qu'il était une bonne personne, quelqu'un avec qui je pouvais m'amuser sans crainte, mais il subsistait tout de même un petit doute. Finalement, je me dis qu'il s'agissait bien de sortir au cinéma, pas de devenir sa copine, quand même ! J'acceptai donc avec joie, d'étranges papillons voletant dans mon ventre...

* * *

En voyant Frédérick, je trouvai qu'il avait changé. Je n'arrivais pas à dire de quelle façon précisément, mais il me sembla différent. Plus grand, peut-être. Les cheveux plus longs ? J'étais presque intimidée, alors que les rapports avec lui avaient toujours été faciles. Nous sommes arrivés au cinéma en avance et nous avons joué à quelques jeux d'arcade. Les courses de moto étant ma spécialité, nous nous sommes bien amusés... et c'est quand il m'a aidée à descendre de mon engin que je compris ce qu'il avait de différent: c'était mon regard sur lui qui avait changé ! Je le trouvais séduisant, doux, gentil, et ses yeux semblaient me transpercer. Se pouvait-il que j'aie été tant aveuglée par Sébas que je n'avais même pas remarqué à quel point je m'entendais bien avec Frédérick, combien nous avions de points communs et surtout combien il était attirant ?

Ah ! Mais cette nouvelle façon de le voir allait tout gâcher ! Je tenais à lui, à son amitié. Il semblait toujours si lucide, si calme ; je ne voulais pas tomber amoureuse de lui et souffrir encore... pas tout de suite ! Et s'il fallait qu'il soit, malgré toutes les preuves que j'avais du contraire, un salaud du genre de Sébas et sa bande ? Il remarqua mon changement d'humeur et m'interrogea, me poussant doucement de l'épaule :

— Quelque chose ne va pas ? Tu viens de me battre, pourtant !

— Ça va, Fred, ça va très bien, juste un peu fatiguée...

— Alors, viens, allons nous trouver de bons sièges. Le film va commencer dans dix minutes.

Les bras bien chargés de popcorn, bonbons et liqueurs, nous nous sommes installés sur nos sièges. J'adorais son odeur, sa présence près de moi. J'essayais de penser à autre chose qu'à sa proximité, mais je n'y arrivais pas. Enfin, le film débuta et réussit à me distraire..., mais pas autant que je l'aurais voulu. J'avais chaud, j'avais froid. Quand ma main frôlait la sienne, je me sentais toute drôle. Le film était bon, mais chaque fois que Frédérick bougeait, je me surprenais à espérer qu'il mette son bras autour de mes épaules. Et quand il me parlait, je sentais son souffle tiède et doux sur ma joue et j'espérais un baiser... Ouf! Jamais un film ne m'a paru aussi long et aussi court à la fois.

En sortant, Frédérick me demanda si j'avais envie d'aller manger quelque part, mais je prétextai des obligations familiales tôt le lendemain pour retourner chez moi et tenter de comprendre ce qui venait de se passer. En rentrant, je m'empressai de téléphoner à Mélo, mais, comme je m'en doutais, elle était sortie avec Jonathan. Je pris une chance, certaine qu'elle travaillait ce soir-là, et téléphonai à Julianne. Mais elle décrocha à la deuxième sonnerie:

— T'es chez toi?

— Comme tu peux voir... Ma cousine entraîne une nouvelle fille. J'ai... j'ai décidé de travailler un peu moins...

— Ah ? Pas de problème, au moins ?

— Non, pas du tout, au contraire...

— Dis donc, t'es occupée, là, maintenant ?

Elle hésita, puis répondit :

— Oui, un peu, mais justement, je voulais te parler de quelque chose... Tu viens faire un tour ?

— J'arrive !

* * *

En arrivant chez elle, j'entendis de la musique venant de l'intérieur. C'était magnifique : une mélodie instrumentale au piano, une ambiance particulière, pas tout à fait douce mais pas tonitruante non plus, intense, je dirais... Je dus sonner une deuxième fois avant que la musique s'arrête et que Julianne m'ouvre enfin la porte.

— Wow ! c'était quoi, cette musique ? Je connais pas. Ça avait l'air vraiment bon !

Julianne rougit. Oui, de plaisir et très visiblement, d'embarras, aussi. Elle ne répondit pas et me fit plutôt signe de retirer mes bottes et de la suivre.

J'arrivai dans sa chambre et vis qu'elle avait installé tous ses instruments de musique et avait ajouté une console d'enregistrement, un micro... J'avalai péniblement.

— Ne me dis pas que cette musique… c'était toi ?

Pour toute réponse, elle fit démarrer la console et une batterie se fit entendre, puis une basse et quelques notes de guitare. Elle s'assit au piano et joua. C'était indescriptible. J'avais les poils dressés sur tout le corps, de gros frissons partout. Cet air qu'elle jouait, c'était à la fois de la douleur, de la joie, de l'amour et de la tristesse. C'étaient toutes les émotions mélangées, mais dans une harmonie presque douloureuse. J'en avais les larmes aux yeux, en fait. Cette musique faisait remonter à la surface des émotions contradictoires, refoulées, les faisait jaillir en un torrent, puis les calmait, les rendant sereines. Le tout était empreint d'une douce mélancolie.

— Ça s'appelle *Existence.* Il y avait longtemps que je n'y avais pas travaillé et là, depuis plusieurs jours, elle me hante.

— Elle va me hanter aussi ! Julianne, c'était… c'est… incroyable.

— Oui, je suis assez contente. Mais il manque la voix : j'ai toute la mélodie, mais je suis incapable de la chanter.

— Ça viendra. Donne-toi du temps.

— Mes mains sur le piano, je peux les contrôler, les empêcher de trembler ; ma voix, non…

Elle resta silencieuse, songeuse. Puis elle me regarda sans rien dire, semblant me scruter. Elle prit une profonde inspiration et demanda :

— T'as envie d'essayer ? De la chanter, je veux dire ?

— T'es sérieuse ? Moi ? Je serais flattée...

Et nous nous sommes mises au travail. Elle me montra la mélodie patiemment, puis me présenta les paroles. Je compris pourquoi elle avait du mal à les chanter. C'était bien de *l'existence* qu'il s'agissait. Mais de l'existence d'une fille qui devient une femme, qui souffre de ne pas pouvoir rester une petite fille, mais qui veut savoir... Une fille qui a mal mais qui veut guérir, une fille qui a vu la noirceur du monde, mais qui veut à tout prix revoir la lumière. Et je me laissai capturer, je me laissai happer tout entière par cette mélodie si belle, par ces mots si justes. Je m'envolai dans son univers, qui était aussi un peu le mien. Beaucoup, en fait.

Julianne enregistrait sans que je le sache : j'étais ailleurs. Quand elle me fit écouter ce que ça donnait, nous avons toutes deux versé des larmes. Des torrents de larmes qui firent énormément de bien.

— Tu sais, ça me donne une idée, dit-elle...

J'entendis immédiatement dans ma tête Frédérick qui disait la même chose. Avec son si beau sourire. Et finalement, tout ça ensemble me donna, à moi aussi, une idée. Une excellente, une merveilleuse idée.

— Tu penses à ce que je pense, n'est-ce pas ? me demanda-t-elle.

— Oui, mais... t'aurais pas envie de recommencer à chanter ?

— Tu sais, je pense que je viens de me rendre compte que je préfère être derrière et me concentrer sur la musique. Toi, tu chantes à merveille, et le devant de la scène te va bien, d'après ce que j'ai entendu dire. Pour le reste, cependant, je sais pas trop...

— Y a Frédérick, qui cherche quelque chose...

Et ce fut mon tour de rougir. Frédérick. Serais-je capable de jouer avec lui sans tout gâcher ? Ma nouvelle façon de le percevoir causerait-elle un problème ? Julianne perçut mon trouble...

— Il t'intéresse, n'est-ce pas ?

— Je ne le savais même pas avant ce soir ! C'est tellement bizarre...

— Écoute, Frédérick, c'est pas Sébas. C'est un bon gars. On peut essayer de lui en parler, voir si ça l'intéresse, pour commencer. Ensuite, on verra bien... et il connaît peut-être un bon guitariste pas trop tête enflée, et un bassiste, aussi...

— Oui, on verra bien.

Les heures étaient passées, et je vis avec horreur à quel point il était tard. Je partis de chez Julianne presque en courant, inquiète, espérant que ma mère ne serait pas trop en colère. J'avais le cœur énervé, gonflé de bonheur et d'espoir, et j'espérais que ce projet marche, que je pourrais avoir l'occasion de chanter cette merveilleuse chanson à nouveau, celle-là et beaucoup d'autres...

Chapitre 15

Existence

Frédérick jubilait. Il venait d'entendre *Existence* pour la première fois et il ne pouvait s'empêcher de fredonner la mélodie, pensant à ce qu'il pourrait faire pour la jouer, pour la rendre encore plus bouleversante.

— Et puis, Frédérick. Ça t'intéresse ?

— Si ça m'intéresse ? T'es sérieuse ? C'est la meilleure chanson que j'ai entendue depuis des siècles. ZigZog avait quelques bonnes pièces, mais rien d'aussi original, d'aussi intense. Écoutez, les filles, je pense que ça pourrait être quelque chose de vraiment *hot*. T'en as d'autres, Julianne ?

Je me trouvai idiote de n'avoir même pas pensé à lui poser cette question moi-même. *Existence* était pour moi tout ce que j'avais eu besoin d'entendre...

— Sept ou huit, si on compte celle que je viens de commencer. Rien que je puisse te faire écouter pour l'instant, mais je pourrais faire des enregistrements bientôt.

— Ça tombe vraiment bien. J'ai justement rencontré un gars au cégep la semaine dernière, un guitariste. Il est bon, très bon, et je pense que son style collerait tout à fait. Pour la basse, je peux voir s'il connaît quelqu'un...

Dès le lendemain, Frédérick passa chez moi pour me dire que son copain guitariste, Olivier, avait été lui aussi charmé par la chanson et qu'il connaissait effectivement un excellent bassiste qui, il en était certain, serait aussi emballé que lui.

J'étais surexcitée, comme une enfant à Noël, et je me jetai à son cou. Son odeur me sauta aux narines et au cœur, cette douce et subtile odeur de savon et de lotion après-rasage, et j'en fus toute chamboulée. Il réagit aussi à mon étreinte en me serrant dans ses bras tout contre lui. Puis nos yeux se rencontrèrent et nous nous sommes séparés, gênés, un peu mal à l'aise...

— Viens, on va annoncer ça à Julianne!

— Je te suis!

Je m'habillai et montai dans sa voiture avec lui, m'accrochant aux bonnes nouvelles de la journée. En arrivant chez Julianne, je lui sautai dans les bras et laissai le soin à Frédérick de lui annoncer la bonne nouvelle. Nous avons fêté ça avec une très grosse pizza et beaucoup, beaucoup trop de chocolat. Notre mal de ventre collectif, plus tard ce soir-là, ne fut pas suffisant pour calmer notre enthousiasme. C'est justement là que je fis part à mes amis d'une inquiétude qui me taraudait mais que je ne pouvais plus ignorer.

— Je suis un peu gênée de vous demander ça, mais vous ne me trouvez pas trop jeune ? Julianne, t'as dix-sept ans, toi, Frédérick, presque dix-huit, et les deux autres aussi. Bientôt, vous aurez vos cartes, vous pourrez jouer dans des bars... et moi, je ferai quoi ?

Julianne et Frédérick se regardèrent très sérieusement pendant un moment où j'agonisai. Ils n'avaient pas pensé à ça, allaient tout remettre en question. Frédérick prit la parole en premier, toujours aussi sérieux :

— Bin, toi... tu nous attendras dehors !

— On t'apportera un verre d'eau entre deux *sets,* si t'es gentille, compléta Julianne.

— Ou on installera ton micro sur le trottoir, ajouta encore Frédérick.

Puis ils éclatèrent d'un fou rire contagieux auquel je me joignis, au grand plaisir de mon système digestif qui avait bien besoin d'un petit coup de pouce !

Ainsi naissait Existence. Le nouveau *band* qui porterait le nom de la chanson qui l'avait vu naître. Un nom assez symbolique pour Julianne et pour nous tous.

Chapitre 16

Frédérick (bis)

Les vacances de Noël approchaient à grands pas, et je m'en tirais pas trop mal à l'école. L'examen de math me donna des sueurs froides, mais pour les autres matières, ça allait. Ma mère et Michel m'avaient fait le plus beau cadeau qui soit: ils m'avaient permis d'utiliser le sous-sol pour installer mon nouveau *band,* et notre première répétition était prévue pour le vingt-sept décembre. Vive les vacances!

Julianne travaillait d'arrache-pied pour terminer certains enregistrements, et nous avons préparé une liste d'autres chansons que nous pourrions interpréter dans le but de faire de petits spectacles en attendant d'avoir suffisamment de nos propres pièces pour un spectacle entier. Nous étions tous fébriles. J'avais rencontré, avec Julianne et Frédérick, les deux autres membres du groupe. Olivier, le guitariste, était un véritable clown et un maniaque de cinéma. Il était un guitariste fabuleux, déclassant même, selon moi, les Sébas de ce monde; il était moins flamboyant, certainement, mais c'était sans doute une bonne chose. Simon-Pierre, quant à lui, maniait le long manche de la basse avec une aisance extraordinaire. Il était très grand, et ses bras semblaient faits sur mesure pour manipuler l'instrument. Je n'avais jamais vu de si grandes mains ! Les vacances de Noël étant déjà commencées au cégep, ils s'étaient attelés à la tâche depuis un petit moment. Ils avaient dit être vraiment impressionnés par la chanson de Julianne et les quelques autres qu'ils avaient déjà entendues, et beaucoup, aussi, par ma voix. Je flottais. Mélo était venue chez moi une fin de semaine et nous avions aménagé l'espace en un studio confortable.

Ma mère m'avait annoncé que nous irions passer les fêtes dans mon ancien patelin avec mes grands-parents et quelques oncles, tantes, cousins et cousines. J'avais très hâte, et ça me ferait patienter jusqu'à notre première répétition. En même temps, je me demandais si je devais tenter de reprendre contact avec Stefany et peut-être Justin… J'en avais vraiment envie, surtout Stefany, mais son silence me faisait hésiter. Quant à Justin, à quoi bon ? Il m'avait bien rapidement remplacée et m'avait sûrement déjà oubliée. Après tout, j'avais tout ce dont j'avais besoin ici avec Mélo, Julianne et Frédérick.

Frédérick… J'essayais de me calmer un peu à son sujet. D'abord, je ne croyais pas que nous partagions les mêmes sentiments et je ne voulais surtout rien gâcher de l'avenir d'Existence. C'était difficile. Je pouvais bien le nier tant que je le voulais, sa présence me troublait, m'excitait, me rendait toute croche. Je m'en voulais tellement de ne pas l'avoir vu sous son véritable jour plusieurs mois auparavant au lieu de me laisser éblouir par Sébas... Les choses auraient peut-être été bien différentes ! Mais il ne servait à rien de regretter le passé. Si quelque chose devait se produire, ça se produirait. Sinon, c'est parce que ça ne devait pas arriver.

Je songeais justement à tout ça en préparant quelques vêtements à apporter là-bas, dans cette ville qui, il y a si peu de temps, était la seule que je pouvais désigner comme étant « chez moi ». Si peu de temps, tant d'événements... Ces derniers mois me semblaient aussi remplis qu'auraient pu l'être des années entières. Ma mère interrompit mes pensées en m'appelant et, en descendant l'escalier, je vis Frédérick qui était là, un gros paquet emballé dans les bras.

Il enleva ses bottes et son manteau et me suivit dans ma chambre.

— Tu pars demain, c'est ça ?

— Oui, je reviendrai le lendemain de Noël sans faute : j'ai tellement hâte au vingt-sept ! Rien ne pourra me retenir là-bas !

— Tiens, c'est pour toi...

— Pour moi ? T'es sérieux ! Mais moi, je n'ai pas...

— Arrête, ce n'est pas grave. C'est juste que quand je l'ai vu, il m'a fait penser à toi...

Je déballai la grosse boîte. À l'intérieur, tout blotti dans un nid de papier de soie se trouvait un ourson en peluche, un ourson rose revêtant une mignonne veste de cuir et une casquette comme j'aimais en porter parfois et qui, je m'en souvenais, avait suscité un compliment de la part de Frédérick. L'ourson portait, sous sa veste, un t-shirt sur lequel était écrit : *I am an angel.* Je suis un ange... Wow ! J'étais vraiment touchée, et mon cœur battait comme un fou.

— Il te plaît ? Tu vois, ce n'est pas grand-chose..., mais peut-être... hum... peut-être qu'il te fera penser parfois à moi...

— J'ai pas besoin d'un ourson pour penser à toi, Fred, mais il est adorable. C'est vraiment gentil de...

Je n'ai pas pu finir ma phrase : ses lèvres sur les miennes m'en empêchèrent. Il ne resta là qu'un tout petit instant, juste le temps d'un minuscule baiser qui me fit l'effet... d'une bombe atomique. Je restai là, les yeux fermés, passant ma langue sur mes lèvres pour goûter encore ce si merveilleux baiser.

— Excuse-moi, j'aurais pas dû, c'est idiot...

Il bafouillait, il était mignon comme tout. Il se dandinait sur un pied et sur l'autre, confus.

— Vraiment, c'est con, mais ça fait si longtemps que j'ai envie de ça... depuis le soir où je t'ai rencontrée, en fait, et là avec le nouveau *band,* j'ai pas envie de tout gâch...

Je l'interrompis à mon tour, et de la même façon. Mais moi, je restai accrochée à ses lèvres beaucoup, beaucoup plus qu'un tout petit moment. C'était... c'était fantastique. Dans ses bras, j'étais comme une reine, comme une déesse. Je sentis tant de douceur, de tendresse mais aussi de désir que j'en tremblais.

Ses lèvres étaient douces, ses mains qui me caressaient le dos et les épaules étaient puissantes mais à la fois affectueuses, passionnées. Whoaaa ! Je n'avais jamais, JAMAIS rien ressenti de tel. Même pas avec Sébas...

Sébas qui, déjà ?

J'entendis à nouveau ma mère m'appeler et c'est avec toute la misère du monde que nous avons réussi à nous séparer. J'avais chaud, j'avais soif, j'avais envie de rester là, près de lui. Subitement, la perspective de partir, même pour trois jours, me parut insupportable.

— Frédérick, j'ai plus du tout envie de partir !

— Et moi, je voudrais bien te kidnapper. Mais tu

verras, tu vas t'amuser. Moi aussi, d'ailleurs, faut que je passe les fêtes avec ma famille et ça, crois-moi, tu *veux* manquer ça! Un peu bizarre, ma famille...

— Toutes les familles ont quelque chose de bizarre! Si passer du temps avec ta famille était tout ce que je devais faire pour être près de toi, je n'hésiterais pas une seconde! Moi aussi, j'attends depuis un petit moment, tu sais, et moi aussi j'avais peur à cause d'Existence...

Il m'embrassa à nouveau, et nous avons tous les deux replongé dans cet indescriptible désir d'être ensemble. Jusqu'à ce qu'évidemment ma mère me rappelle, le ton nettement moins patient.

— Faut que j'y aille, je pense, dit-il doucement à mon oreille.

— Cache-toi dans ma valise...

Chapitre 17

Complicité

Mon séjour chez la parenté se passa très vite et merveilleusement bien jusqu'à l'avant-dernière journée. De visite en visite, j'eus beaucoup de plaisir à retrouver toute ma famille et à faire des folies dans la neige. Nadia était venue nous rejoindre et j'étais vraiment heureuse de la retrouver. Nous avons réussi à trouver quelques moments d'intimité pour parler de nos nouvelles vies respectives et je réalisai que le pire était effectivement passé, qu'une fois de plus elle avait eu raison lorsqu'elle m'avait conseillé de laisser le temps faire les choses.

Malgré toute l'animation, j'étais tiraillée entre l'envie de voir Stefany et tenter de renouer avec elle, et celle de laisser tomber ou de la laisser faire les premiers pas. C'est sur un coup de tête que j'ai finalement décidé de prendre le taureau par les cornes et de passer voir si mon amie d'enfance était chez elle.

Sa mère m'accueillit avec un grand sourire et un gros câlin, et je réalisai à quel point elle m'avait manqué, elle aussi. Une vraie maman italienne, qui cuisinait comme une fée et qui me semblait toujours de bonne humeur. Sa voix forte résonna :

— Stefy ! Viens vite, on a de la grande visite !

Elle me demanda comment je trouvais ma nouvelle vie, si j'aimais l'école, si je m'étais fait de nouveaux amis, et un tas d'autres questions, tout ça en quelques secondes à peine. Stefany tardait à nous rejoindre et je m'inquiétais de sa réaction. Allait-elle me sauter au cou comme autrefois, ce que j'espérais tant ? Ou allait-elle me faire la gueule, comme je le craignais ? Quand elle apparut enfin en haut de l'escalier, je me sentis toute drôle. Cette fille avec qui j'avais tant partagé, tant vécu, me faisait l'effet d'une pure étrangère. Et pas seulement à cause de son allure, qui avait changé du tout au tout en seulement quelques mois. Elle avait beaucoup maigri, trop, en fait, et je la trouvai squelettique. Quelque chose en elle me chicotait, peut-être cette façon qu'elle avait de me toiser avec son petit air un-peu-beaucoup arrogant. Et mon cœur sombra : elle me fit terriblement penser aux jupettes. Elle était très maquillée, portait un style de vêtements que je ne l'aurais jamais crue capable de porter, des bijoux tapageurs, mais c'est avant tout son attitude qui me transperça comme un poignard.

— Tiens, Saja. Tu daignes venir rendre visite à tes vieux chums ! Wow ! on est trop chanceux !

Sa mère tenta d'intervenir, mais je l'en empêchai d'un geste de la main.

— Stefany… *come on*…, t'es toujours fâchée après moi ? J'avais bien espéré autre chose.

— Ah bon ? Que je te saute dans les bras, peut-être ? Comme dans le bon vieux temps ? C'est ça ?

— Mouais, quelque chose comme ça…

— Ah ! Je vois. Tu débarques comme ça sans t'annoncer et tu t'attends à ce que rien n'ait changé. Dis-moi donc, t'étais où au juste quand moi, j'avais envie ou besoin que tu sois là, avec moi ?

— Ah ! Stefany ! T'as toujours pas compris, hein ? Qu'est-ce que t'aurais voulu que je fasse ? Tu sais bien que j'avais pas le choix ! T'as répondu à aucun de mes messages et tu boudes depuis que t'as su que je déménageais. Je pensais qu'avec le temps t'aurais compris que rien de tout ça était de ma faute et qu'on pouvait rester amies !

— Bin oui, c'est ça, rester amies. Eh bien ! imagine-toi donc que je m'en suis fait d'autres, des amis, qui sont toujours là, eux. Alors, tu m'excuseras, mais là, je sors. Je m'en vais au cinéma.

Sur ce, elle attrapa son manteau et sortit. Comme ça, sans rien de plus. Sa mère en avait les larmes aux yeux ; moi, j'étais trop étonnée pour dire ou faire quoi que ce soit.

— C'est plus la même fille, Saja. Je te jure, des fois, je me demande qui elle est. J'ai tout essayé, je lui ai même dit que si on avait été dans la même situation que celle de ta mère, avec son transfert et tout, on n'aurait pas eu le choix non plus, mais rien à faire. Elle ne veut rien entendre. Elle dit que si tu avais vraiment voulu rester, tu aurais pu t'arranger, que vous avez tellement de monde dans le coin et tout et tout. Je pense qu'elle s'est sentie abandonnée...

— Bin moi aussi, je me suis sentie abandonnée. C'est moi qui ai dû tout laisser ici, pas elle ! C'est moi qui devais m'habituer à une nouvelle ville, une nouvelle maison, me faire des nouveaux amis, pas elle ! Enfin. Vous lui direz que je pense toujours à elle, que j'abandonne pas l'espoir qu'un jour elle comprenne et accepte. Elle pourrait venir chez nous, de temps en temps, on pourrait faire tellement de choses !

— Je sais. Je lui ai même offert le billet d'autobus pour aller te voir. Mais depuis qu'elle sort avec Justin...

Sa mère se tut, la rondeur de mes yeux lui indiquant qu'elle en avait trop dit. C'était donc ça, le fond de l'histoire. Ça n'avait rien à voir avec moi, rien du tout ! Je ne savais plus si j'étais en colère, terriblement déçue, triste ou tout ça ensemble, mais la mère de Stefany était visiblement mal à l'aise et très peu fière de sa fille.

— Ah ! Je vois qu'elle ne t'avait rien dit.

— Non. Mais ça ne fait rien. Justin et moi, ça se serait terminé de toute manière, et je savais bien qu'il m'avait remplacée. Je ne savais pas par qui, mais ce n'est pas très important. Je pense que, finalement, c'est elle qui a raison. Je vois que nous n'avons plus grand-chose à nous dire, et c'est bien dommage. Oui, vraiment très, très dommage.

Elle tenta de me prendre dans ses bras, mais je ne lui en laissai pas le temps. Je sortis de cette maison qui abritait tant de souvenirs et partis retrouver le brouhaha de la parenté. J'avais plus hâte que jamais de rentrer chez moi, de retrouver ma nouvelle vie. Oui, c'était bien là-bas, maintenant, que j'avais envie d'être plus que tout.

Après d'autres repas gargantuesques, des dizaines de milliers de bisous, d'embrassades et de promesses de se revoir bientôt, ma mère et moi sommes reparties. J'avais retrouvé le sourire et ma mère était, elle aussi, de bonne humeur. Nadia ayant repris le chemin de l'université et Michel étant reparti la veille, je n'étais pas fâchée de me retrouver toute seule avec ma mère. Nous avions toutes les deux hâte de retrouver la nouvelle maison qui nous semblait déjà beaucoup moins « nouvelle ». Après plusieurs jours passés à manger, à raconter le déménagement, à manger encore, à parler de ma nouvelle école et de mes nouveaux amis, à manger, à décrire le voisinage et à manger encore, il nous tardait de retrouver nos salades-repas dégustées devant la télé en bavardant confortablement.

J'allais choisir quelles chansons j'écouterais pendant le trajet et sortir mes écouteurs, mais je regardai plutôt ma mère et lui confiai :

— C'est un peu bizarre, maman, mais même si on est là que depuis quelques mois, j'ai l'impression que ça fait des années...

— Oui, en fait, moi aussi. Peut-être parce qu'on est bien ? T'es bien, ma grande ?

— Oui, je le suis maintenant. Pas facile au début, mais depuis que je connais Mélo, ça baigne.

L'ambiance était détendue, agréable, aussi je me décidai à ranger ma musique pour de bon pour lui parler plus longuement de mon automne, sans toutefois lui donner les détails du party d'Halloween. Je lui en avais suffisamment dit comme ça le lendemain. Mais nous avions beaucoup de temps à rattraper, elle et moi, car nous étions toutes les deux dans un constant tourbillon d'activités. Je réalisai pour la première fois — et m'en trouvai bien ingrate ! — qu'elle avait dû trouver ça difficile, elle aussi, de déménager loin de sa famille et de ses amis. Je savais qu'elle avait fait d'agréables rencontres, mais sans plus... Et en fait, j'avais envie de partager avec elle ce qui s'était passé et se passait encore dans ma vie. Je pus constater très vite à quel point elle en était heureuse. Elle n'attendait que ça, mais n'aurait jamais, par respect, essayé de me forcer à parler.

Je lui racontai donc les grandes lignes de ma brève incursion au sein de ZigZog, l'amitié soudaine des jupettes, la dispute avec Mélo et bien d'autres choses... tout en gardant encore une fois les détails sordides pour moi. Elle n'avait pas besoin de tout savoir.

Le fait d'être en voiture me permettait également de me confier à elle sans devoir la regarder en face, et surtout sans sentir son regard sur moi. Je pus donc lui parler de Sébastien, de combien il m'attirait, mais, je le comprenais maintenant, pour les mauvaises raisons. Je lui avouai que, bien que je l'aie cru à l'époque, je n'avais pas été amoureuse de lui. C'était autre chose. Je ne savais pas exactement quoi, mais j'attendais plus de l'amour. Elle m'assura que j'avais raison, qu'il y avait effectivement beaucoup plus... Elle savait que j'avais été blessée. Elle était passée par là. Et de l'entendre dire ça me fit du bien. Mais comme elle me savait tellement emballée par Existence, elle conclut que je me remettais assez bien de ce qui avait pu se passer. Elle me demanda :

— J'ai bien hâte de rencontrer Julianne. Quelqu'un qui écrit de la si belle musique doit être bien spécial.

— Oui, elle est spéciale, en effet ! Différente, en tout cas. Dès demain, tu vas enfin la connaître !

— Et le beau Frédérick, dans tout ça ? Tu ne m'en as pas tellement parlé...

Mon cœur s'emballa et je crois que mon sourire lui en dit bien plus que des paroles auraient pu le faire.

— On dirait que ce n'est pas la même chose qu'avec Sébastien, hein, ma belle ?

Elle demeura silencieuse, comme si elle était loin, très loin. Dans une autre vie, peut-être. Elle revint sur la même planète que moi et sa voix était devenue toute petite, presque un chuchotement.

—Tu sais, il y a un moment que je veux te parler de quelque chose. Tu n'as pas à tout me dire, en autant que tu saches que tu peux le faire. Libre à toi. Mais je me disais que... enfin... il serait probablement temps que…

Ma mère semblait gênée. Elle ! Eh bien ! j'aurai tout vu ! J'espérai ardemment qu'elle ne me pose pas de questions trop intimes, du genre : « As-tu déjà… ? » Je n'avais pas grand-chose à cacher, même s'il s'en était fallu de bien peu. Mais je n'étais pas certaine de vouloir lui en parler ici, maintenant. Elle prit une grande inspiration et lança :

— Je pense qu'il serait peut-être temps que tu envisages de prendre la pilule. Comme ton rendez-vous annuel avec le docteur Lavoie approche, on pourrait en profiter pour... à moins que ce soit déjà fait…

— Bin non, c'est pas déjà fait ! Comment aurais-tu voulu que je fasse ça sans t'en parler ?

— En principe, ma grande, t'as pas besoin de ma permission, et depuis un bon bout de temps déjà. Deux ans, en fait.

— Vraiment ? J'aurais pu faire ça sans t'en parler ? Me semble que ça aurait été bizarre…

— Bien contente que tu penses comme ça ! C'est certain que j'aurais pas été emballée, mais disons que je t'aurais peut-être trouvée responsable. Enfin, non… Je sais pas comment j'aurais réagi.

— Bin moi, j'aimerais mieux que tu sois là avec moi. Et je trouve que oui, c'est une bonne idée. J'y avais pensé…

Wow ! Elle me devinait bien plus que je pensais. C'était toujours comme ça avec ma mère.

— Maman ?

— Oui, qu'est-ce qu'il y a ?

Je pris une profonde inspiration et me lançai à l'eau :

— Maman, tu sais, je n'ai encore jamais... bin, tu sais... avec un gars...

— Fait l'amour ?

Je crus entendre du soulagement dans sa voix.

— Tu sais, Saja, je sais bien que ça arrivera un jour. J'aimerais mieux dans, disons, au moins trente ans, mais je ne me fais quand même pas trop d'illusions. Mais je pensais qu'avec Sébas...

— Non, c'est pas arrivé avec lui. Presque... il aurait bien voulu, mais disons que l'occasion ne s'est pas vraiment présentée. Et tu sais quoi, je suis TRÈS contente que ce ne soit pas arrivé : c'était pas le bon. Je pense que Nadia a eu un très grand rôle à jouer là-dedans...

— Nadia ? Ta sœur Nadia ?

— Oui. Tu sais ce qu'elle m'avait dit ?

Et je lui racontai la fameuse phrase et l'effet qu'elle avait eu sur moi. Oui, en y repensant bien, même si j'avais été très près de dire oui à Sébas, cette phrase m'avait sans doute fait réfléchir sans même que je m'en rende compte. Je dis même à ma mère que c'est probablement ça aussi qui m'avait donné le courage d'insister pour que Sébas mette un condom, et quand il a refusé...

— Eh bien ! elle m'impressionnera toujours, ta sœur ! Je lui en dois une, on dirait bien ! Alors, tu sais tout ça, on dirait ? Ai-je besoin de te dire que même si tu prends la pilule...

— Oui, maman, je sais. Même si je prends la pilule, ça ne me protège pas contre les infections et les maladies... Je sais aussi qu'il faut quelques mois à la pilule pour faire effet lorsqu'on commence à la prendre, alors ne t'inquiète pas, je suis au courant...

Nouveau silence, doux et amical.

Je mourais d'envie de lui poser un tas de questions, genre, sur sa première fois, à elle... mais je trouvais que c'était assez pour cette fois. Il y aurait bien d'autres occasions, et j'étais trop bien, là, maintenant...

C'est dans une belle complicité que nous avons continué les confidences. Elle me faisait parler de Frédérick, de ce que j'aimais le plus chez lui, de comment je me sentais avec lui. Elle me regarda un bref instant et me dit, la gorge serrée :

— On dirait bien que ma puce a grandi ces derniers temps, hein ?

— Oui, plus que tu le penses...

— Mais tu sais que tu vas toujours rester ma grande puce d'amour, hein ? fit-elle avec un clin d'œil.

Je me dis que, malgré les fois où nous ne sommes pas d'accord, malgré les petites disputes, malgré les moments d'incompréhension mutuelle, j'avais bien de la chance d'avoir une mère comme elle. Oui, beaucoup, beaucoup de chance…

Chapitre 18

De surprise en surprise !

Nous étions rentrées trop tard pour que je puisse appeler qui que ce soit. J'avais hâte de parler à Mélo et à Julianne, mais c'est la voix douce de Frédérick qu'il me tardait d'entendre. Je me levai relativement tôt, ce qui, pour moi, est un exploit.

— Wow ! On dirait que quelqu'un a hâte de commencer cette journée !

— Maman, c'est pas une journée ordinaire. Si tu savais combien j'ai hâte à ce soir !

— Je sais… et j'avais même envie de vous payer une pizza, question de bien commencer cette nouvelle « existence »… Tu crois que tes amis aimeraient ça ? Les salades peuvent bien attendre un autre jour !

Je sautai sur le téléphone et racontai à Mélo mon voyage et ma mésaventure avec Stefany. Elle me raconta son Noël, m'apprit que Jonathan lui avait offert un magnifique bracelet, qu'elle me le montrerait dès ce soir…

— T'es bien sûre que je peux y aller avec Jo ? Me semble que vous devriez être entre vous…

— T'es folle ! T'es ma meilleure amie. Plus, en fait, et t'as tellement travaillé fort pour le studio qu'il est tout à fait normal que tu sois là !

— Si t'es bien certaine, alors OK ! Mais j'ai hâte qu'on soit seules toutes les deux. J'ai tellement d'autres choses à te raconter... il... il s'est passé autre chose pendant les vacances, mais j'ai pas envie d'en parler au téléphone...

— Mélo, tu m'inquiètes ! Il est rien arrivé de grave, au moins ?

— Non ! Non, au contraire... on s'en reparle.

— OK, je suis curieuse !

Je parlai à Julianne qui m'avoua être terriblement nerveuse. Je lui rappelai que tous ceux qui seraient avec nous étaient déjà séduits par sa musique.

— Oui, mais ceux qui ne me connaissent pas encore vont me trouver bizarre..., peut-être qu'en me rencontrant ils voudront plus de moi !

— Voyons, Julianne, t'es pas bizarre, t'es originale. Et tous les génies de ce monde le sont !

J'entendis presque son sourire, accompagné d'un tout petit :

— Merci, Saja.

Comme je sentais Julianne fragile ! Elle n'était pas sortie du bois, loin de là. Mais si quelque chose pouvait l'aider, c'était bien sa musique. Et je ferais tout ce que pouvais pour qu'elle continue à avoir envie de jouer et qu'elle retrouve au moins une certaine paix. Tout. Si quelqu'un le méritait, c'était bien elle ! Elle accepta de venir plus tôt et de manger avec nous avant qu'Olivier et Simon-Pierre arrivent. Ça la détendrait peut-être...

Ah ! Frédérick, maintenant. Je gardais le meilleur pour la fin, évidemment !

Il répondit à la première sonnerie.

— J'avais tellement hâte que tu m'appelles ! C'était comment, là-bas ?

Je lui racontai tout et lui confiai à quel point il m'avait manqué.

— Moi, c'était pire, je te jure !

La soirée s'annonçait belle ! Il ajouta :

— Est-ce qu'il faut que j'attende à ce soir pour te voir ? T'aurais pas envie de venir faire un tour ? On pourrait aller se promener, j'sais pas moi, ce que tu veux !

J'acceptai sans hésitation et lui donnai rendez-vous tout de suite après le dîner.

— Pourquoi pas tout de suite ? Allez, dis oui !

— Je peux pas, il faut que j'aide ma mère à tout ranger. On n'a même pas encore vidé la voiture. Je vais chez toi dès que je peux !

— Non, tu m'appelles et je viens te chercher aussitôt !

Jamais je n'ai vidé une valise aussi vite que ce matin-là. Je rangeai ma chambre à la vitesse de l'éclair et fis la lessive rapidement. Quand je demandai à ma mère ce qu'il restait à faire, elle me répondit avec un petit sourire mystérieux:

—Juste une dernière chose, Saja. Il reste un petit cadeau en dessous de l'arbre. Je voulais te l'offrir quand nous serions seules. Pourquoi pas maintenant?

Je la regardai, étonnée.

—Mais tu m'as déjà fait un tas de cadeaux!

—Oui, mais celui-là, c'est pas un cadeau de Noël et c'est pas de Michel et moi, c'est juste de moi. C'est un petit quelque chose pour te dire que je t'aime et que je suis fière de toi... et aussi un cadeau d'anniversaire un peu à l'avance!

Je me précipitai au salon et vis qu'il y avait effectivement un petit paquet, aussi plat qu'une enveloppe, emballé dans un beau papier doré.

J'hésitai, tentant de deviner ce qu'il contenait. Ma mère avait l'air d'une petite fille impatiente:

—Allez, ouvre-le ou je vais le faire moi-même!

J'ouvris délicatement ce qui était bel et bien une enveloppe. À l'intérieur, il y avait une carte d'affaires toute simple mais avec des mots qui me firent monter les larmes aux yeux: «Philippe Parenteau, professeur de chant». Et au verso: «Sarah-Jeanne, mercredi, 19 h». J'étais estomaquée.

—Maman, c'est pas possible. Philippe

Parenteau? LE Philippe Parenteau? Comment t'as fait pour qu'il me prenne comme élève? Il doit coûter une fortune! Je commence quand? Maman, c'est pas vrai!

Je riais et je pleurais. Je sautai dans les bras de ma mère et manquai de la renverser. Elle avait aussi les yeux pleins d'eau.

— T'es contente, ma grande?

Contente? Comment n'aurais-je pas pu l'être? Ce professeur avait enseigné aux meilleurs, aux plus connus; il était une institution, une légende. Je rêvais depuis des années de suivre des cours de chant avec lui. Grâce à ses compétences, ma voix se développerait, je pourrais chanter toutes les notes que je voulais et les tenir indéfiniment, et je pourrais faire de ma voix un instrument incroyable!

— Tu vas me promettre de pratiquer ce qu'il va t'enseigner, hein?

— Maman, tu vas être tellement tannée de m'entendre faire mes exercices que tu vas me dire de la fermer! C'est quand mon premier cours?

— Ton premier cours? Eh bien! c'est mercredi prochain.

— Mercredi prochain? À ma fête!!!

— Bin oui, c'est ta fête! Et si tu veux, je pourrais t'emmener souper au restaurant japonais en ville avec Frédérick, Julianne, Mélo et Jonathan. Nadia aussi sera là...

— Nadia aussi? Cool!!! Mais maman, ça va te coûter une fortune!

— Eh! c'est pas tous les jours que ma puce a seize ans! Mais j'aimerais bien aller avec toi à ton cours, si ça ne te dérange pas… juste la première fois!

— Maman!!!! Je t'adooooore!

— Alors, c'est réglé. Maintenant, allez, je pense que quelqu'un attend ton appel...

Je sautai à nouveau sur le téléphone et racontai à Frédérick ce que ma mère venait de faire pour moi. J'avais du mal à ne pas crier dans l'appareil tant j'étais excitée. Je raccrochai rapidement, partis me changer et eus à peine le temps d'enfiler mes bottes que Frédérick attendait dehors. Je courus dans ses bras et nous nous sommes écroulés dans la neige, riant aux éclats comme de tout petits enfants. J'étais incroyablement heureuse…

* * *

La journée était magnifique, une vraie belle journée d'hiver. La neige brillait sous le soleil comme des millions de petits cristaux, et nous sommes allés au parc, ce fameux parc à l'extérieur de la ville où j'avais passé des moments troublants avec Sébastien. Mais tout était différent, tant le décor féerique que mon état d'esprit. Aujourd'hui, je remplacerais mes souvenirs de ce parc par d'autres bien plus mémorables! Des enfants glissaient sur une petite butte, des adultes faisaient du ski de fond et nous, nous marchions sur le sentier enneigé, main dans la main, et nous parlions. Je n'avais jamais tant parlé! Sauf, bien sûr, avec Stef et Mélo, mais ce n'était pas du tout la même chose. Frédérick me parlait de lui et je buvais ses paroles. Il me parlait de sa famille, de son père alcoolique en particulier. Bien que ce dernier n'ait pas touché à une seule goutte d'alcool depuis des années, sa maladie l'avait rendu fragile… et Frédérick avait vécu une enfance assez difficile par sa faute. Il lui en voulait, mais c'était tout de même son père et il lui pardonnait jusqu'à un certain point. Il ne voulait plus vivre sous le même toit. Cependant, ses études étaient trop importantes pour qu'il les abandonne et travaille à temps plein. Il avait donc économisé et avait fait lui-même aménager un appartement au sous-sol de la maison de ses parents avec une entrée séparée. Il était près d'eux, de sa mère surtout, et pourrait intervenir si elle avait besoin de lui. Mais il avait sa propre vie, et ça lui convenait très bien. Frédérick me parla du cégep, de son incertitude quant à l'avenir. Il rêvait, bien sûr, de gagner sa vie en jouant de la musique, mais savait très bien à quel point c'était difficile. La seule autre chose qui le passionnait autant étant le dessin. Ses parents étaient découragés:

deux passions artistiques, c'était sans espoir! Mais ils n'avaient pas grand-chose à dire sur ses choix, car ils avaient bien assez de leurs propres problèmes. Et puis, il était maintenant majeur et vacciné! Frédérick se débrouillait pour payer lui-même ses études, sa nourriture, ses vêtements et tout ce dont il avait besoin pour vivre, et ce, grâce à quelques emplois occasionnels et aux cours privés de batterie qu'il donnait chez lui. Il poursuivait donc ses études en arts graphiques au cégep et adorait ça.

— Pas autant que de me retrouver sur un *stage*, par exemple, tu sais ce que je veux dire!

Et comment, je le savais! Je lui racontai aussi que j'aimerais bien pouvoir chanter toute ma vie, que je rêvais de devenir riche et célèbre, ne blaguant qu'à moitié. Ce n'était pas vraiment la gloire et la richesse que je recherchais — tant mieux si ça arrivait! —, mais je ne connaissais encore rien d'autre qui me passionne autant.

— Mais je suis encore jeune, on verra bien! Pas d'urgence!

— Tu sais, dit-il, je pense qu'Existence va se rendre loin… Avec ta voix et le talent de Julianne, on a de bonnes chances!

Il m'embrassa. Je vis des étincelles, des feux d'artifice éclater derrière mes yeux fermés. C'était doux, je sentais du désir, du plaisir et du respect.

Il guettait mes moindres réactions, surveillait mes expressions, attendait que je lui retourne ses baisers délicieux. Et je ne me fis pas prier ! Dans ses bras, je me sentais comme une poupée précieuse, un bijou délicat, un chaton fragile qu'il ne fallait pas, qu'il ne voulait pas brusquer. Et j'adorais ça.

Il a repris ma main. Le froid devenait pénétrant malgré mon cœur qui battait comme un fou, et nous avons marché lentement vers sa voiture. Les autres arriveraient bientôt. Il fallait qu'on soit là avant et que tout soit parfait. Je l'aidai à sortir son matériel de la voiture et à tout installer en les attendant.

Julianne arriva la première. Elle avait l'air anxieuse. Elle installait ses choses en silence, affichant un air de concentration extrême. Quand Simon-Pierre et Olivier arrivèrent, dans la même voiture, nous les avons aidés à transporter leurs instruments et à tout placer. Puis, Mélo est arrivée avec Jonathan, et je me suis empressée de dire à tout le monde, afin qu'elle sente qu'elle avait bien sa place parmi nous, que c'était elle qui avait choisi la décoration et l'aménagement de notre studio de répétition.

Je lui trouvai l'air un peu bizarre. Elle qui n'est vraiment pas du genre timide, elle avait l'air complètement gênée. Elle rougissait à la moindre occasion, surtout en me regardant, comme si elle venait d'être prise en défaut. Je me souvins alors qu'elle avait des choses importantes à me raconter et je crus tout à coup comprendre de quoi il s'agissait. Je lui demandai de venir m'aider à chercher des breuvages pour tout le monde à la cuisine. Si c'était ce que je croyais, ça ne pouvait absolument pas attendre ! Aussitôt arrivée dans la cuisine, je la pris par les épaules et la forçai à me regarder dans les yeux. Elle détourna d'abord son regard puis elle posa enfin ses yeux tout brillants sur moi.

— Alors, ça y est, hein ? C'est ça que t'avais à me raconter ? Toi et Jonathan vous avez...

— Fait l'amour, oui !

— Faut que tu me racontes !

— Bin, pas ici, pas maintenant !

— Mouais, c'est vrai que c'est pas l'idéal ! Mais dis-moi au moins vite-vite : c'était comment ?

— C'était... c'était... je sais pas trop, honnêtement. C'était bon, oui, ça c'est sûr. Mais on était pas mal nerveux tous les deux, alors disons qu'on était un-peu-beaucoup maladroits et que ça s'est passé plutôt vite. Mais après... depuis...

— Après, depuis, quoi ?

— Bin, c'est comme si j'étais encore plus amoureuse de lui qu'avant, et lui a l'air encore plus amoureux de moi aussi. C'est… c'est spécial !

— C'est arrivé plus qu'une fois ?

— Euh ! non, mais...

J'entendis des pas et nous nous sommes dépêchées de sortir des verres pour ne pas avoir l'air trop suspectes. Frédérick est entré, m'a prise dans ses bras et m'a demandé s'il pouvait faire quelque chose.

Mélo m'a fait un clin d'œil et est repartie avec les verres. Ainsi donc, elle l'avait fait! Elle semblait tellement heureuse! La phrase de ma sœur me revint en tête: « Ta première fois, tu t'en rappelleras toute ta vie... » et je me dis que pour mon amie, les souvenirs semblaient être plutôt bons! J'étais vraiment contente pour elle même si j'avais honte de l'avouer: je ressentais une petite pointe d'envie. Et moi, ce serait quand, ma première fois? En fait, il n'en tenait qu'à moi... J'embrassai Frédérick avec encore plus de fougue que d'habitude; je voulais lui montrer qu'il me donnait envie d'être encore plus proche de lui, qu'il faisait monter en moi des désirs de plus en plus intenses. Il répondit à mon baiser avec une ardeur délicieuse et nous avons eu du mal à nous séparer!

En arrivant au sous-sol, Frédérick se fit un plaisir d'apprendre à tout le monde la bonne nouvelle de mes cours de chant, et les félicitations fusèrent de toutes parts. Je réalisai, une fois de plus, combien j'étais chanceuse. Tant de belles choses se produisaient, et j'avais tant de bonnes personnes avec qui les partager...

À partir de ce moment et jusqu'à la dernière note de la séance, il y a eu dans l'air une magie incroyable. Très timide au début, Julianne finit par se détendre dès qu'elle s'installa au piano. Il était clair que c'était là qu'elle était le plus à son aise. Nous avons décidé de jouer quelques pièces populaires que nous connaissions tous juste pour nous habituer à jouer ensemble et pour apprendre à nous connaître en tant que musiciens. Nous avons ri, nous avons été étonnés des prouesses de chacun et nous avons parlé de nos vacances, de tout et de rien.

Puis, une fois l'atmosphère bien détendue, nous nous sommes penchés sur *Existence* pour la première fois. Nous sommes tout à coup devenus sérieux, comme si la pièce l'exigeait d'elle-même. Et nous avons joué. Et j'ai chanté. À la fin du dernier accord, tandis que les dernières notes de guitare résonnaient encore, Julianne se leva, partit à la salle de bains avec de grosses larmes coulant sur ses joues et elle y resta une bonne quinzaine de minutes.

Je me dis: « Ça y est, les gars vont la trouver *weird*, ils ne comprendront pas... » Mais je me trompais radicalement. En fait, tout le monde était assez secoué par cette première interprétation *live*. Et il y avait de quoi. Ça avait été incroyablement intense et c'est peut-être pour ça que ni Simon-Pierre ni Olivier n'ont passé de remarque sur l'attitude de Julianne. À moins que... Frédérick leur avait-il dit quelque chose ? Je le croyais trop discret pour ça, mais s'il avait parlé, je l'en remerciai mentalement, car il avait dû le faire avec délicatesse. La dernière chose dont Julianne avait besoin, c'était bien de se sentir rejetée ou jugée. Mais en réalité, c'est tout le contraire qui se produisit.

Dès qu'elle sortit de la salle de bains, Simon-Pierre, habituellement si taquin, se plaça au centre de la pièce et se mit lentement à applaudir. Nous lui avons emboîté le pas et Julianne nous a souri à travers un voile de larmes fraîches. J'avais peur qu'elle se sauve, qu'elle ne veuille montrer l'intensité de ses émotions, qu'elle ait peur... Mais elle est retournée à son piano et quand nous nous sommes tous arrêtés, elle s'est mise à applaudir à son tour, nous regardant dans les yeux l'un après l'autre. Puis, elle dit simplement :

— Merci. Je n'aurais jamais cru que d'entendre de si bons musiciens jouer ça me ferait un tel effet... désolée !

Olivier répliqua :

— Désolée ? T'as pas à être désolée ! Nous, on est bien contents d'avoir la chance de la jouer, cette musique...

Une fois de plus, j'admirai Julianne de toutes

mes forces. Je lui fis mon plus beau sourire et, ne pouvant m'en empêcher, je courus la prendre dans mes bras, sous le regard étonné mais bienveillant des gars. S'installa dès cet instant un climat de confiance mutuelle, de complicité palpable et d'amitié réelle entre nous tous. Mélo le sentit et elle profita du moment pour partir, nous laissant dans notre bulle. J'appréciai beaucoup sa générosité, et le regard humble et admiratif qu'elle afficha en saluant Julianne me fit autant de bien qu'à elle. Quelle amie !

Chapitre 19

Sweet Sixteen

Le reste des vacances, je les passai à jouer de la musique, à aller au cinéma avec Mélo, Jonathan et Frédérick ses soirs de congé, à glisser sur les pentes enneigées et à jouer encore de la musique. Mais cette vie merveilleuse devait inévitablement tirer à sa fin. J'aurais tout donné pour prolonger ces vacances et je n'étais pas la seule ! Cependant, même si nous avions beaucoup de plaisir à pratiquer tous ensemble, il fallait bien laisser à Julianne la chance de nous écrire d'autres petits chefs-d'œuvre !

Ce n'est que la veille du retour en classe que j'avais pu voir Mélo seule à seule. Et elle m'avait enfin tout raconté... ou presque. Il y avait bien certaines choses qu'elle gardait pour elle, et c'était parfait. Je n'étais pas vraiment intéressée de savoir ce qu'avait ressenti Jonathan ou comment il s'était conduit : c'étaient les impressions de Mélo qui m'intéressaient.

— Bin, tu sais, nous en parlions depuis un bout de temps. Y a toujours du monde chez moi et chez lui, c'est pire ! Alors, c'est pas évident ! Mais finalement, c'est arrivé chez lui. Quand il m'a invitée ce soir-là, sa voix tremblait un peu. Il a dit: «On va être tout seuls toute la soirée...» J'ai presque trouvé une excuse, mais c'était l'occasion que nous attendions tous les deux depuis un bon bout de temps et, pour être honnête, j'avais hâte. Tout ce que nous avions fait ensemble jusque-là était bon, c'était donc normal que je veuille voir la suite, non? De toute manière, j'étais prête. Nous avions des condoms et... je m'étais même pratiquée à en mettre!

— Sur lui?!?

— Bin non, pas sur lui! C'est pas évident!

— Alors, avec une banane?

— Non, une courgette...

J'éclatai d'un fou rire probablement nerveux.

— Une courgette!!!!

— Bin quoi, on avait plus de bananes et les concombres m'avaient l'air pas mal gros comparativement à ce que j'avais pu voir et toucher sur Jonathan!

Nous avons rigolé toutes les deux, et ça faisait un bien énorme. Une fois calmée, elle poursuivit:

— Quand ses parents sont partis et nous ont dit à la blague d'être sages, j'ai dû rougir jusqu'aux oreilles! On s'est dépêchés d'aller dans sa chambre et là, on s'est assis sur le lit tous les deux et on s'est embrassés, mais ça marchait pas! C'était comme si on jouait un rôle, c'était trop artificiel!

— Bin, qu'est-ce que t'as fait?

— J'ai juste commencé à le chatouiller... et on s'est mis à rire et à se chamailler sur le lit et là, quand il m'a embrassée, c'était *ça*. C'était vraiment *ça*. On était redevenus comme avant, comme toujours. Je lui ai demandé de me déshabiller et il l'a fait lentement, comme s'il avait peur que je change d'idée. Puis, il m'a embrassée partout, et tout et tout...

— Et tout et tout?

— Bin, là, tu veux quand même pas que je te donne absolument chaque petit détail? Est-ce que je peux garder ces choses pour moi?

— Oui, excuse-moi...

— En tout cas, quand est arrivé le moment de mettre le condom, là, on a eu l'air un peu fous. Ses mains tremblaient, Jonathan savait plus s'il était à l'endroit ou à l'envers. Finalement, c'est moi qui l'ai pris et le lui ai mis...

— Wow! Pis toi, tes mains tremblaient pas?

— Moi, c'est en dedans que je tremblais! J'avais l'impression que j'allais éclater! Mais mes mains, non, ça allait! Et puis il m'a regardée et m'a demandé encore une fois si j'étais sûre. J'ai dit oui, il s'est couché sur moi, et j'ai senti pousser, et pousser, puis il est entré... et presque tout de suite après, c'était fini!

J'avais la bouche grande ouverte. Pas parce que tout ça était nouveau, non, quand même!

C'est une chose de savoir comment ça se passe en général, et une tout autre chose d'entendre sa meilleure amie raconter comment ça s'était passé pour elle...

— Est-ce que ça t'a fait mal? Est-ce que t'as saigné? As-tu aimé ça?

— Mal? Hmmm... un peu, au tout début. Mais après, non. Faut dire que j'ai pas eu tellement de temps pour avoir mal. Jonathan s'est excusé: il avait espéré pouvoir se retenir plus longtemps, mais pour moi, je t'avoue que pour une première fois, c'était bin correct! Et non, j'ai pas saigné.

— Ah non? Je pensais que tout le monde saignait...

— Bin, pas moi, et c'est pas parce que je l'avais déjà fait!!!!

— Pis toi, est-ce que t'as, euh, tsé, joui?

— Bin non, je pense pas. C'était bon, mais, comment te dire... C'était bon, mais pas de quoi s'énerver. Alors, je dois pas avoir joui, me semble... La prochaine fois, peut-être. Là, on avait pas le temps de continuer grand-chose: il commençait à être tard et on voulait pas prendre de chance de se faire prendre!

— Et pensez-vous recommencer?

Le plus sérieusement du monde, Mélo me répondit:

— Non, je pense qu'on va juste se donner des becs, maintenant qu'on a essayé ça.

Elle pouffa et je réalisai qu'elle se moquait de moi, et avec raison : question idiote, réponse idiote ! Je regardai mon amie et lui souris. Elle me sourit en retour et nous nous sommes fait un gros, gros câlin. Mélo était une femme, elle n'était plus une petite fille. Nous avions toutes les deux passé l'étape, de façon très différente, mais nous l'avions passée quand même. Je repensai à notre rencontre en septembre et trouvai que nous avions toutes les deux changé. Beaucoup. C'est fou, quand même, ce que quelques mois peuvent faire !

* * *

Le retour à l'école se fit donc comme il devait se faire : en fonçant. C'est ce que nous avons fait. Nous ne nous doutions évidemment pas de tout ce qui se préparait, tant à l'école qu'en dehors...

Le plus merveilleux jour de cette semaine-là a été le mercredi. Dès le matin, j'anticipai le reste de la journée : bien sûr, c'était mon anniversaire, et ça aurait dû être suffisant pour que je sois excitée comme une puce. Seize ans, ce n'était pas rien ! Mais en plus, je passerais une partie de la soirée avec les personnes que j'aimais le plus au monde et j'aurais, ce soir-là, mon premier cours de chant. Je savais que M. Parenteau voudrait entendre ma voix pour voir ce qu'il y avait à améliorer, à corriger, à travailler. Je choisis, évidemment, de lui chanter *Existence.* Julianne m'avait préparé un enregistrement instrumental et me l'avait apporté à l'école ce matin-là. Je passai la journée à avoir hâte au soir et je fus heureuse de voir ma mère qui m'attendait dans le stationnement à la fin des cours. Je me changeai à toute vitesse et lorsque j'arrivai avec ma mère et Michel au restaurant, Nadia était déjà là, qui semblait faire passer un interrogatoire à un Frédérick tout sérieux. Mélo et Jonathan étaient aussi arrivés et semblaient s'amuser de ce que disait ma grande sœur. J'espérais qu'elle n'était pas en train de juger mon amoureux trop sévèrement!

Après de longues embrassades, j'eus la surprise de voir une foule de petits paquets emballés atterrir devant moi. Je reçus de Mélo une magnifique photo encadrée d'elle et moi que Jonathan avait fait agrandir à la boutique de photo à laquelle il travaillait, de Julianne, un superbe collier qu'elle avait fabriqué elle-même, de ma sœur un très beau chandail et de Frédérick une magnifique paire de boucles d'oreilles. Un serveur apporta alors un immense bouquet de fleurs et le remit à Michel. Il s'approcha lentement de moi et me dit:

— C'est pour toi, ma belle Saja. J'aurais pas pu rêver avoir une fille plus extraordinaire que toi...

Il était ému et moi aussi. Notre relation était amicale et paisible, mais parfois compliquée. Je savais qu'il aimerait bien que je sois plus près de lui, et je me promis d'en faire l'effort. Il n'était pas mon père, non, mais il était un homme bien. Je balbutiai donc :

— Merci, Michel. Comme père, tu te débrouilles pas mal bien toi aussi, tu sais !

J'étais absolument comblée. Lorsque les serveurs du restaurant apparurent en chantant avec une assiette de beignets sucrés sur lesquels flambaient de jolies chandelles multicolores, je sentis mes yeux se remplir, à nouveau, de larmes de bonheur. Un bonheur pur, entier, fantastique. Je fis le vœu que tous ceux que j'aimais soient aussi heureux que moi et soufflai les bougies. L'heure de partir arriva. L'heure de mon premier cours de chant… J'étais heureuse de pouvoir marcher jusque chez monsieur Parenteau, question de digérer ce merveilleux repas et toute ma joie avant de devoir chanter. Chanter l'estomac plein et le cœur gonflé n'est pas particulièrement efficace, surtout devant ce prof que je voulais plus que tout impressionner !

J'étais heureuse que ma mère soit là pour ce premier cours. Je devais bien l'avouer, j'avais beau être confiante en mes capacités, j'étais terriblement intimidée par mon professeur. Et s'il fallait qu'il me dise que je n'avais aucun talent? Que j'étais une cause perdue et qu'il n'avait pas de temps à perdre avec moi? Je m'en faisais inutilement. Monsieur Parenteau était un petit homme chaleureux, drôle, enjoué, visiblement passionné par la musique et son métier. Il enseignait et adorait autant le chant classique que le jazz ou le rock. Il avait un rire contagieux et une façon colorée d'expliquer les choses...

Sans perdre davantage de précieuses minutes, il me demanda de chanter. Je lui livrai *Existence.* Il m'écouta attentivement et me dit:

— C'est une très belle pièce. Tu la chantes avec beaucoup de conviction. Mais tu pourrais faire mieux, particulièrement dans les hautes. Voici ce que je te propose...

Et là, il m'a fait essayer toutes sortes de choses comme des sons d'animaux aux respirations profondes et retenues qui m'étourdirent. Il me conseilla quelques trucs de base comme éviter les boissons glacées qui contractent les cordes vocales, faire au moins quinze minutes de vocalises avant de chanter, bref, j'en appris plus en une heure avec lui que j'en avais appris seule toute ma vie. Je sortis de ce premier cours emballée, un enregistrement du cours en main et plein d'exercices à faire.

— Maman, c'est cool, c'est trippant!!!!

Ma mère et Michel étaient aux oiseaux et moi aussi..., mais à dix heures ce soir-là, alors que je courais au sous-sol pour pratiquer tous les exercices enregistrés sans même prendre le temps de téléphoner à Mélo, à Frédérick ou à Julianne, n'en pouvant plus, ils me crièrent :

— Saja ! C'est assez pour ce soir !!!

Je m'endormis, ce premier soir de mes seize ans, avec un énorme sourire aux lèvres et la voix, tout de même, un peu rauque...

* * *

Dès le lendemain, je remarquai que certaines choses avaient changé à l'école. Peut-être que mon anniversaire et monsieur Parenteau avaient trop occupé mes pensées pour que je m'en rende compte avant, mais toujours est-il que les jupettes, qui s'obstinaient malgré le froid arctique à se geler les jambes — une autre preuve de leur très grande intelligence — me semblèrent tout à coup plus tranquilles, plus discrètes. Elles ne nous adressaient plus la parole, à Julianne et à moi, même pour lancer quelque insulte ou insignifiance comme elles se plaisaient habituellement à le faire. Et je ne pus m'empêcher de remarquer qu'entre elles aussi, les choses semblaient différentes. Elles se parlaient à peine dans l'autobus, alors qu'auparavant on n'entendait qu'elles.

Hmmm… Je fis remarquer la chose à Julianne:

— Tu trouves pas qu'il y a quelque chose de différent? On peut même s'entendre parler; les oies ne jacassent pas fort, ce matin...

— Elles doivent être trop gelées... Des dindes de Noël dont personne ne voulait, à peine sorties du congélateur...

Je pouffai de rire, mais tout ça me chicotait. Un tout petit peu.

Au fil des jours et jusqu'au milieu de la semaine suivante, mon impression se confirma. Il nous arrivait de plus en plus souvent de voir Alex et Annie-Jade ensemble, et Alissia toute seule. Leur « cour » non plus ne les suivait plus comme avant. Au dîner, à la cafétéria, c'était la même chose et souvent Alissia brillait par son absence. Mélo entendit dire par l'ami d'un ami qu'Alissia était devenue la « blonde » officielle d'un copain de Yannick qu'elle avait rencontré au fameux party d'Halloween. Ceci me paraissait impossible. Voyons! Alissia n'avait rien de la petite amie typique et j'avais du mal à imaginer qu'un copain de Yannick puisse aussi cadrer dans le rôle d'un petit ami typique! Mais Alissia prétendait qu'elle avait changé, allant même jusqu'à insinuer qu'elle était amoureuse de ce Derek. Ah! Elle était bien bonne! Bon. Sans vouloir sombrer dans la méchanceté, ce que je connaissais d'Alissia n'était pas très compatible avec l'idée que je me faisais de l'Amour! Visiblement, Alissia commençait à taper royalement sur les nerfs des deux autres AA. Derek par-ci, Derek par-là. Alissia passait ses journées à parler de lui, de combien il était gentil avec elle, du fait qu'elle avait bien l'intention d'aller vivre avec lui dès le mois de juillet quand il déménagerait dans un plus grand appartement. Ah! je pouvais bien imaginer l'irritation des deux autres. Et la jalousie, aussi, peut-être bien... Elles devaient considérer qu'Alissia les trahissait, qu'il était inconcevable que l'une d'elles « s'abaisse » à réellement sortir avec quelqu'un, un gars à la fois je veux dire, alors qu'elles avaient bien plus de plaisir à choisir chaque soir un partenaire différent selon leur humeur! Une amie de l'ami de l'ami — une source fiable! — m'avait bien confirmé qu'Alissia boudait. Je n'étais pas concernée par ces problèmes et encore moins par les chicanes internes des AAA, mais j'étais quand même un brin curieuse de voir ce qui allait se passer...

Les choses continuèrent d'empirer pendant un certain temps. Les filles s'évitaient carrément maintenant, et c'était drôle à voir. Elles se croisaient dans le corridor et leurs mimiques valaient mieux que celles de tous les meilleurs humoristes réunis. Une guerre était sur le point de se déclarer...

Tandis que mes amis et moi travaillions d'arrache-pied pour parfaire les chansons de Julianne, que j'essayais de passer des moments doux avec Frédérick en plus de mes cours de chant et les travaux scolaires, et que Mélo et Jonathan semblaient filer le parfait bonheur, les couleuvres, elles, du moins les deux qui restaient, continuaient leurs petits jeux. Elles manigançaient ce qui allait être le début d'une série d'événements extraordinaires, dans le sens le plus radical du terme.

Le lundi matin suivant s'avéra être le plus étrange qu'il m'ait été donné de voir. Je sus tout de suite en arrivant à l'arrêt d'autobus que quelque chose se passait. Alissia, l'air absolument furieux, arrivait seule d'un côté de la rue et Alex et Annie-Jade, de l'autre. Fidèles à leur récente habitude, ces dernières l'ignorèrent totalement. Puis, Alissia traversa la rue en trombe sans même regarder si des voitures arrivaient et, se plantant devant les deux autres, se mit à les engueuler. Je veux dire, à *vraiment* les engueuler. Les autres répliquèrent évidemment et bientôt les pires insultes fusèrent des deux côtés, des mots que je ne saurais même pas comment épeler.

— Ah oui! on est les pires des salopes, selon toi? cria Alex. Eh bien! on a seulement fait ça pour te rendre service. Comment tu peux penser que tu pourras oublier qui tu es, au fond? Tu veux vraiment nous faire croire que t'as changé tant que ça? Bin voyons!

— Me rendre service, ah oui? Drôle de manière de me rendre service! Pour une fois qu'un gars trippant a envie d'être avec moi, pour moi et seulement moi! Vous êtes pas capables de prendre ça, hein? Vous êtes juste des vaches jalouses! Des grosses vaches jalouses! Alex essaya de la frapper mais Annie-Jade la retint en disant que si Alissia voulait croire en ses propres rêves de princesse à la con, elle ne valait pas la peine de se casser un ongle. Une pétasse serait toujours une pétasse...

Et là, c'est Alissia qui essaya de sauter sur Annie-Jade. Des garçons intervinrent pour les séparer. L'autobus arriva, et Alissia était toujours aussi enragée. Je me demandais bien ce qui avait pu se produire pour déclencher les hostilités de façon aussi spectaculaire. Je ne tarderais pas à le savoir, en même temps que presque toute l'école, d'ailleurs...

Alissia, toujours retenue par deux costauds, laissa monter presque tout le monde avant de grimper à son tour. Son visage était déformé par la rage, ce qui aurait pu être drôle si ça n'avait pas été aussi pathétique. En passant devant le siège d'Alex, elle donna à celle-ci un coup de coude sur la tempe. Alex se leva, la poussa violemment contre un siège et tout aurait recommencé si le chauffeur n'était pas intervenu, menaçant d'expulser les filles si elles ne se tenaient pas tranquilles. Le trajet se fit dans un silence assez hallucinant. On aurait vraiment pu entendre une mouche voler. Un garçon tenta de dire quelque chose, une blague idiote sans doute pour détendre l'atmosphère, mais Alex le fusilla du regard et il se tut. En arrivant à l'école, Alissia partit de son côté, distribuant de nombreux doigts d'honneur et autres gestes obscènes que les deux autres lui rendirent profusément. C'était, en fait, assez distrayant !

Nous avons appris, dès la récréation, qu'Alex et Annie-Jade avaient décidé de montrer leur ex-amie à son nouveau copain sous son vrai jour. Elles étaient convaincues que le naturel reviendrait au galop un jour ou l'autre et qu'Alissia, incapable de se contenter d'un seul gars bien longtemps, se lasserait et reviendrait vers elles en rampant. Oui, un jour ou l'autre. Elles avaient donc décidé d'accélérer le processus. L'idée leur était venue un bon soir qu'elles étaient chez Yannick et que ce dernier, après des ébats agrémentés de vidéos tirées de sa réserve personnelle, s'était endormi.

Les filles, pour s'amuser un peu, s'étaient mises à fouiller dans les fichiers de Yannick et étaient tombées, par hasard, sur une scène assez explicite entre lui et Alissia. Ainsi donc, il lui arrivait de filmer certaines de leurs soirées, lui aussi ? Les filles s'en doutaient bien, mais elles détenaient maintenant une preuve intéressante. Un plan diabolique avait vu le jour en même temps dans l'esprit malsain des deux amies. Elles avaient ouvert la boîte de courriel de Yannick et avaient trouvé, tel qu'elles l'espéraient, l'adresse du fameux Derek. Il n'avait suffi que d'un seul petit clic et Derek recevait une vidéo de sa douce accompagnée du message suivant : « Ah ! Alissia, rien à faire, elle pourra jamais me résister... Salut, chum ! » Elles avaient signé le message d'un simple Y comme Yannick le faisait toujours. Puis, Alex avait refermé tout, prenant toutefois le temps de transférer le fichier dans sa propre boîte de courriel. On ne savait jamais, ça pourrait faire un bon divertissement !

Croyaient-elles réellement que Yannick serait dupe ? Je ne sais pas, mais il n'en fut rien. Nous avons entendu dire que quand Alissia avait débarqué chez Yannick après s'être fait mettre à la porte de chez Derek, elle était déchaînée, toutes griffes dehors. Yannick l'avait saisie par les poignets avant de se faire crever un œil et l'avait forcée à tout raconter.

Ils comprirent ce qui avait dû se passer...

— Je vais les tuer, Yannick, je te jure...

Et elle était partie en faisant crisser les pneus de la voiture de sa mère. Elle avait foncé chez Annie-Jade et avait été déçue de voir toutes les lumières éteintes et aucune voiture dans l'entrée. Puis, elle était allée chez Alex. Tout était sombre là aussi, mais la voiture de son père était là. Alissia avait hésité. Le père d'Alex était bien connu pour son tempérament plutôt colérique, surtout une fois sa caisse de bière vidée. Elle n'avait nullement envie de l'affronter, ne serait-ce qu'un instant. Alex et Annie-Jade ne perdaient rien pour attendre. Alissia avait passé la nuit à cultiver sa colère, la laissant gonfler et gonfler encore...

La guerre était officiellement déclarée.

Chapitre 20

La guerre

Ce premier événement marqua le début d'une avalanche. On aurait dit que tout déboulait et que, tel que l'avait prédit Julianne, les couleuvres étaient en train de récolter ce qu'elles avaient semé...

Deux jours après ce premier acte, le second se joua. L'heure de la vengeance avait sonné.

Cet après-midi-là, en rentrant au vestiaire après le cours d'éducation physique, les gars de la classe trouvèrent une invitation bien spéciale déposée en plusieurs exemplaires sur un banc : Annie-Jade et Alex invitaient les gars — tous les gars qui en avaient envie — à venir faire des « expériences » drôles et originales avec les filles les plus *hot* de l'école. Ils étaient tous les bienvenus ; le seul critère était d'apporter leurs propres condoms, car les filles avaient peur d'en manquer... Suivaient l'adresse d'Alex et l'heure du rendez-vous : sept heures ce même soir.

Certains garçons se doutèrent bien qu'il s'agissait d'un canular, mais ils n'avaient tout de même pas l'intention de manquer une telle opportunité, réelle ou pas. C'est ainsi que se présentèrent chez

Alex une bonne douzaine de gars, les hormones en pleine effervescence et la tête et la queue pleines d'anticipation au point où ils ne se posèrent pas de question en voyant la voiture du père d'Alex stationnée dans l'entrée.

Le premier groupe de trois sonna à la porte et fut accueilli par un papa méfiant :

— Qu'est-ce que vous voulez ?

— Bin, on vient pour Alex et Annie-Jade...

Le père appela sa fille d'une voix tonitruante. Elle apparut à la porte, se demandant bien ce que ces trois idiots faisaient là.

— Salut ! On a répondu à ton invitation...

— Quelle invitation ?

Ils n'eurent pas le temps de répondre qu'un autre groupe de quatre arrivait, sourire idiot aux lèvres. Puis deux autres. Alex ne comprenait rien du tout. Son père, voyant les autres arriver, demanda à son tour :

— Oui, quelle invitation, Alex ?

Les garçons se tenaient là comme des imbéciles, réalisant qu'ils s'étaient fait avoir. Qu'ils n'auraient pas ce qu'ils étaient venus chercher. Alex, elle, sentait la rage monter en elle. Ça puait Alissia à plein nez.

— Papa, je pense que quelqu'un m'a fait un coup. C'est rien, tu peux t'en aller, je vais m'arranger avec ça.

— Ah ouais ? Tu vas t'arranger ? Dis-moi donc un peu ce qui se passe !

— Rien, je sais pas trop, enfin... c'est sûrement une erreur. Les gars, je sais pas de quoi vous parlez, mais j'ai invité personne chez nous.

Les gars, frustrés, ne savaient pas trop s'ils devaient être fâchés ou déçus. Mentait-elle parce que son père était là?

— Bin, t'as mis ton adresse ! Pis Annie-Jade est supposée être là, elle aussi !

Le père commença à voir rouge.

— OK, ça va faire. Est-ce que quelqu'un peut me dire ce qui se passe ?

Devant le ton enragé de ce dernier, tous les garçons tournèrent les talons sans demander leur reste. Alex soupira de soulagement. Elle ne comprenait pas exactement ce qui avait failli se passer, mais l'important était que son père se calme le plus rapidement possible. Elle crut ce souhait exaucé jusqu'à ce qu'un des gars, sur la dernière marche du perron, se retourne et dise :

— Ouais, on aurait dû savoir que vous êtes rien que des agaces.

Et il jeta un papier chiffonné par terre. Alex se précipita pour le ramasser, mais son père fut plus rapide. Quand il lut l'invitation que sa fille avait supposément lancée à un nombre inconnu de gars de son école, il blêmit.

— Je suppose que tu vas essayer de me faire accroire que t'as rien à voir là-dedans ? Tu penses que je suis aveugle ? Que je sais pas ce que vous faites, toi pis tes guidounes d'amies ? Vous ferez bin ce que vous voulez ailleurs, mais c'est pas ici, dans ma maison, que tu vas jouer tes petites *games* de pute !

— Papa, j'ai rien fait, je te jure !

— Ah non ? Pis le fait que mon *bowling* de ce soir ait été annulé, je suppose que ça a rien à voir non plus ? Si j'étais allé, il se serait passé quoi pendant que j'étais parti ?

Son visage prit une teinte couleur betterave. Il en bavait.

— Ma fille est rien qu'une guidoune ! Rentre à maison ! Pis tu vas te tenir tranquille à partir de maintenant ou t'as rien qu'à faire tes valises ! Pis vous autres, qu'est-ce que vous regardez ? Allez-vous-en chez vous, c'est pas de vos affaires !

Les deux gars qui venaient d'arriver n'avaient pas pris la peine de descendre de la voiture, se contentant de regarder le spectacle, fascinés. Ils avaient été aux premières loges et s'étaient fait le plus grand plaisir de tout raconter le soir même, propageant l'histoire comme une traînée de poudre.

Les ennemies laissèrent passer une journée entière durant laquelle toute l'école spéculait sur la suite. J'imaginais qu'Alex et Annie-Jade se creusaient les méninges pour trouver la meilleure façon de riposter..., car il était bien certain qu'il y aurait riposte. Qu'allaient faire Annie-Jade et Alex? La question n'était pas de savoir si elles allaient faire quelque chose, mais quoi. D'après les gars, le père d'Alex était vraiment dans une colère noire, et j'imaginais très bien le pétrin dans lequel sa fille s'était retrouvée. Alors, je pensais bien que sa vengeance serait assez terrible…

Puis, le lendemain midi, en me rendant avec Mélo à la cafétéria, je vis un attroupement devant le babillard près du journal de l'école. Nous nous sommes approchées, nous doutant déjà qu'il y avait un lien avec la guerre des couleuvres en cours.

Quelqu'un avait accroché au babillard ainsi que sur plusieurs autres murs stratégiques de l'école un avis de recherche. Normalement, tout document doit être approuvé par la direction avant d'être affiché. Celui-ci ne pouvait l'être... mais les coupables devaient se dire que, même si leur message était retiré rapidement, il ne suffirait que de quelques minutes pour que pratiquement toute l'école soit au courant. L'avis, bourré de fautes d'orthographe, se lisait comme suit:

AVIS DE RECHERCHE! Perdu prescriptions de médicament pour herpès vaginal sévaire.

Si vous le retrouvé, aider-moi! C'est urgent, ça pique!!!

Alissia (cell.: 774-2323)

Je n'en revenais pas. Quand j'avais rencontré les jupettes, j'avais pressenti qu'elles pourraient sans doute être redoutables. Je savais qu'elles pouvaient être méchantes, mais à ce point? C'était bas, très bas. Même si Alissia l'avait un peu cherché... Et la dégringolade continua.

En fin d'après-midi ce jour-là, la mère d'Annie-Jade reçut un appel qui la fit tomber des nues.

— J'aimerais parler à Annie-Jade Simard, s'il vous plaît.

— Elle n'est pas encore revenue de l'école. Puis-je lui laisser un message?

— Oui, c'est la clinique. Nous avons reçu ses résultats d'examens et il faudrait qu'elle passe nous voir le plus tôt possible.

— Quoi? Quels examens? Ma fille est malade? Je suis sa mère, que se passe-t-il?

— ...

— Répondez!

— C'est que, madame, je ne suis pas autorisée à...

— Moi, je vous autorise!

— Les résultats sont confidentiels! Mais je comprends que vous soyez inquiète...

— Vous ne comprenez rien du tout! Si vous ne

me dites pas immédiatement ce qui se passe, je vais à la clinique tout de suite et j'y reste jusqu'à ce que quelqu'un me le dise !

— Bien, euh… madame, en fait, c'est que votre fille…

— Quoi, ma fille!

— Bien, votre fille a encore une chlamydia. Et comme c'est la quatrième fois que nous la traitons cette année, les antibiotiques…

— Non, non, non. Vous devez sans doute vous tromper. Vous ne pouvez pas parler de ma fille.

— Pourtant, c'est bien Annie-Jade Simard, domiciliée au 2301 rue des Œillets ? Date de naissance, euh… laissez-moi voir… Allô ? Madame Simard ? Vous êtes là ?

Mais non, madame Simard n'était plus là. Madame Simard était assise au sol, le téléphone oublié gisant près d'elle.

Dans sa tête, elle revoyait sa petite fille jouant à la poupée, dansant le ballet, faisant du patinage artistique. Sa petite fille faisant des cochonneries avec un gars. Un gars ? Des gars ? Et qui donc ? Depuis combien de temps avait-elle suffisamment perdu contact avec sa fille pour ne s'être rendu compte de rien ? Madame Simard se mit à pleurer, toujours assise par terre, et c'est comme ça qu'Annie-Jade la trouva en arrivant chez elle.

Alissia était allée trop loin. Beaucoup trop loin.

Au retour de la fin de semaine, écrit au marqueur et avec les fautes d'usage, on pouvait lire sur toutes les portes intérieures des toilettes le message suivant:

Hey, les fille! Alissia Vermette es une vrai saloppe et elle aime ça, surtout avec tout les gars qu'y on une blonde... Si t'a un chum, faite attention!

Les quelques filles qui adressaient encore la parole à Alissia cessèrent instantanément de le faire. Depuis que le trio s'était dissout, elle était plus vulnérable et avait passablement perdu le respect forcé des autres. Là, elle devint l'ennemie numéro 1: toutes les filles se méfiaient d'elle comme de la peste et personne ne voulait lui adresser la parole. Alissia pouvait bien coucher avec qui elle voulait, mais le chum d'une autre, c'était inacceptable. On la regardait avec mépris, laissant même échapper des insultes discrètes mais bien senties quand elle passait dans un couloir. Déjà éprouvée par les derniers événements, Alissia était à bout.

Un midi de cette semaine-là, elle laissa tomber une bombe dans le pigeonnier de Marc-André Lajoie, le prof de français.

Comme Annie-Jade et Alex étaient carrément nulles en français — en bien d'autres choses aussi, mais là, elles étaient très près de l'échec —, son plan serait tout à fait plausible.

Elle avait tout préparé la veille, bien tranquille dans sa chambre, sa colère plus violente que jamais, froide, sans appel. Dans une enveloppe, elle avait glissé le message suivant :

Cher monsieur Marc-André...

Tu sait combien nous aimeriont avoir des cour privé, avec toi, tous seule, tout les trois... Nous somme sur que le français serais BEAUCOUP plus facile a comprendre! Nous vouliont te dire que on es disponible n'importe quand pour revisé et (te) faire tout se que tu voudra!

Nous somme prêt a TOUS pour avoir des bonne notes... pourquoi ne pas en profité toi aussi? Personne n'est obliger de savoir... Alors n'hésite pas a nous faire signe!

Annie-Jade (cell: 878-3333) et Alex (cell: 902-0001), tes élèves préférer

XXX

Et, pour en rajouter, elle avait également mis dans l'enveloppe un condom aromatisé à la fraise, avait scellé celle-ci et écrit TRÈS CONFIDENCIEL en grosses lettres.

La missive eut l'effet escompté. Moins d'une heure plus tard, le directeur se rendit lui-même aux locaux dans lesquels se trouvaient Annie-Jade et Alex et les escorta jusqu'à son bureau où les attendait Marc-André Lajoie, au bord de la crise d'apoplexie. J'imagine qu'Alissia aurait donné cher pour voir le résultat de son œuvre !

Il paraît qu'on entendait le directeur et le professeur crier jusqu'au bout du corridor :

— ... que vous vous abaissiez aussi bas ! Vous dépassez les bornes, les filles !

— ... doit appeler vos parents...

— ... jouer avec la réputation d'un de nos meilleurs profs !

— ... jamais rien dit pour vous laisser croire qu'une telle chose...

Et les filles, incapables de se défendre, répétaient :

— On ne sait pas de quoi vous parlez ! On a rien fait !

Une fille qui passait par là nous a rapporté ces échanges. La nouvelle a couru à une vitesse incroyable à travers l'école : les deux filles avaient été suspendues indéfiniment pour avoir essayé de séduire le prof de français dans le but d'améliorer leurs notes. Tout le monde en parlait et se demandait si elles avaient vraiment déposé la note dans le pigeonnier ou si c'était une autre vacherie d'Alissia.

Peu importait qui avait glissé la lettre au prof : les conséquences pour les deux filles étaient les mêmes. De mon côté, je regardais tout ça de loin. Je ne voulais surtout pas être mêlée à quoi que ce soit. Et je me disais que j'avais vraiment bien fait de ne pas essayer de me venger d'elles !

Julianne, elle, jubilait.

—Ahhh! Alex va y goûter! Après ce qui est arrivé la semaine passée, je gagerais n'importe quoi que son père va la mettre à la porte...

— T'es sérieuse? Il ferait ça? Et sa mère?

— Sa mère? Elle dit rien, sa mère, jamais rien. Elle a dû apprendre à se la fermer après voir reçu une volée ou deux...

— T'es sérieuse?

— Oui, trop sérieuse. J'ai jamais vu Alex avec des bleus, mais sa mère, chaque fois que je la vois, elle porte TOUJOURS des verres fumés...

Je restai silencieuse. J'avais déjà connu des familles un peu louches, mais là, si ce que Julianne disait était vrai, Alex était en danger. Et je n'aimais pas ça du tout.

— Écoute, je connais un peu son père. Son caractère est directement lié au nombre de bières qu'il a bues. Malheureusement, il a l'air d'en boire pas mal. Et je l'ai entendu plus d'une fois s'énerver et serrer le bras d'Alex pas mal fort. Mais tu peux rien faire, Saja. Rien du tout. C'est poche, mais c'est comme ça. Et Annie-Jade, ah! Qu'est-ce que je donnerais pour voir sa mère! Elle était tellement convaincue que sa petite fille innocente était un ange! Ouf... elle doit tomber de haut! Mais tu sais quoi? Entre nous, j'ai pas tellement pitié…

Après tout ce qui était arrivé, les jours suivants parurent d'un calme incroyable. Le beau temps après l'orage ou le calme avant la tempête? Hmmm… Je me doutais que les choses ne s'arrêteraient pas là. La dernière attaque d'Alissia avait été trop radicale pour que les filles ne fassent rien. Mais quoi? Que pouvaient-elles faire? Le temps semblait suspendu, en attente de quelque chose. L'école n'était pas tout à fait la même sans Alex et Annie-Jade. Elles prenaient tellement de place dans le paysage que nous n'avons réalisé qu'après un moment à quel point l'école était plus calme, simple et agréable sans elles.

Alissia, de son côté, faisait de son mieux pour avoir l'air détachée de tout, d'être invisible, en fait. Elle avait vraiment l'air de vouloir mettre tout ça derrière elle. Mais c'était difficile. Ayant délaissé les jupettes, elle portait maintenant des jeans tout à fait ordinaires, se maquillait beaucoup moins et essayait, tant bien que mal, de se fondre dans le paysage. Mais tous ces efforts s'avérèrent absolument inutiles.

À la fin de la semaine, dans la cour d'école, je vis un attroupement se former. Un gars tenait un cellulaire à bout de bras et faisait des signes excités à tout le monde autour, leur disant de venir voir. Un autre attroupement? Ça ne me disait rien qui vaille...

J'entendis quelqu'un dire :

— Pascal, regarde tes messages, ça vaut la peine !

Puis, peu à peu, je remarquai que d'autres attroupements autour d'autres téléphones se formaient. Bon. Que se passait-il encore ?

J'entendais d'un peu partout des commentaires des gars :

— Pousse-toi, Jérémie, je vois pas !

— Encore, fais-le jouer encore, Max !

Certaines filles se détournaient et émettaient des commentaires après être allées voir, elles aussi :

— Dégueulasse ! Elle se prend pour qui ? Tu parles d'une salope... Je savais qu'elle était pute, mais pas à ce point-là ! T'as vu ce qu'elle faisait !

— Les gars sont bin caves ! Ils vont tous bander sur ça comme des cons !

Je m'approchai de Maxime, un gars que je trouvais normalement assez correct, pour savoir ce qui se passait. Je me frayai un chemin parmi la meute et vis... Alissia avec Yannick dans ce qui devait être la fameuse séquence envoyée à Derek.

— Où t'as eu ça, Max ? lui demandai-je.

— J'ai reçu un email avec un lien sur mon cell. J'ai cliqué dessus et c'est ça qui a joué... Ça venait de la liste de contacts du cours d'informatique...

Woah ! De cette liste de contacts aux suivants,

je compris que le lien ferait très rapidement le tour de l'école, de la ville, du continent, si ce n'était déjà fait. Je vis Alissia qui approchait et me demandai si je ne devais pas la prévenir... Mais quelques filles ont été plus rapides que moi :

— Bon, la pute, tu fais des films pornos, maintenant ? T'avais pas encore assez d'attention ?

Alissia les regarda avec un énorme point d'interrogation sur le visage. Elle vit le groupe, le téléphone, et une lueur d'appréhension s'alluma dans ses yeux. Je tentai de la retenir, mais rien ne l'aurait pu. Elle avançait, le regard fixe, la bouche crispée. Elle fonça sur Max, lui arracha le téléphone des mains, jeta un coup d'œil à l'écran et vint pour le lancer de toutes ses forces au fond de la cour. Max retint son bras de justesse et lui arracha son téléphone.

— Qu'est-ce que t'as, t'es folle ? Les nerfs ! Si tu voulais que personne les voie, tes films, t'avais juste à pas les faire !

Alissia était sans voix. Elle regarda autour d'elle et ne vit que des gars et des filles qui se passaient des cellulaires, certains riant, d'autres, les filles surtout, ayant l'air dégoûté. Elle partit en courant se réfugier dans l'école puis elle décida de disparaître. Partir chez elle. Personne ne se rendrait compte de son absence. En passant devant la salle des profs, elle les vit tous attroupés devant un ordinateur et n'eut besoin d'entendre que quelques commentaires pour tout comprendre :

— D'où vient ce message ?

— Vous la reconnaissez ? Cette fille est de notre école !!!

— Faites-la appeler tout de suite !

Alissia ramassa son sac et ne prit même pas le temps de refermer son casier. Je crois bien que c'est la dernière fois qu'elle a mis les pieds à l'école. J'avais presque pitié d'elle. Je réalisai que, même si je leur avais souhaité du mal, à toutes les trois, ce souhait n'était né que de la colère et du mal que j'éprouvais moi-même. Malgré toute ma rancune, j'étais donc incapable de me réjouir de ce qui arrivait à Alissia ; je ne parvenais qu'à ressentir une forme de froideur. Mais comme l'avait si bien dit Julianne, je n'avais rien à voir là-dedans, rien du tout. Mélo, elle aussi, était mitigée. Songeuse, elle me confia :

— Je me doutais bien que quelque chose du genre finirait par arriver. Il me semble qu'on peut pas passer sa vie à faire tant de vacheries à tout le monde sans qu'un peu de merde nous retombe dessus, tu crois pas ?

— Oui, je suis d'accord, répondis-je, mais c'est un peu raide, quand même...

— Tu sais quoi, avec elles, on en vient à ne plus savoir ce qui devrait être considéré comme étant raide ou pas, ce qui est normal et ce qui ne l'est pas du tout. C'est comme si elles vivaient dans un autre monde, un monde pas mal fucké dans lequel je voudrais pas vivre...

— Oh non ! moi non plus. Et je l'ai vu d'assez près, ce monde-là, d'un peu trop près à mon goût, en fait !

Cet après-midi-là, dans l'autobus sur le chemin du retour, je m'écrasai dans mon siège près de Julianne avec un gros soupir :

— Quelle journée, hein ?

— Quelle semaine, tu veux dire !

Elle demeura silencieuse, l'air absent. Puis, elle murmura :

— C'est tellement bizarre... J'aurais cru que tout ce qui s'est passé me ferait du bien, que je serais contente de voir tout ce qui leur arrivait. On récolte toujours ce qu'on sème, tu sais ce que je veux dire ?

— Exactement...

— Mais tout ça ne me fait rien du tout. Je devrais sauter de joie, jubiler, mais c'est comme si ça ne changeait rien. En fait, c'est vrai, ça ne change absolument rien à ce qu'elles m'ont fait. J'ai toujours aussi mal, en plus...

— Je sais. Ça me fait la même chose. Tu sais, Julianne, si tu te décidais à faire quelque chose, tu sais...

— Ça ne changera rien non plus. Ce qui est fait est fait, et je dois vivre avec, qu'elles soient punies ou non. Tu peux pas comprendre...

— Oui, mais peut-être que si elles aussi avaient à vivre avec les conséquences de ce qu'elles ont fait, elles en tireraient une leçon…

— Oh ! une leçon, pas sûre qu'elles le verraient comme ça. Je pense plutôt que si je tentais de les dénoncer, Sébas, elles et les autres, elles me le feraient payer. Cher. Comme si j'avais pas assez payé ! Non, en plus de ça, je serais obligée de raconter ce qui s'est passé à toutes sortes d'inconnus, de faire face à mon père et d'impliquer plein de monde qui n'ont rien à voir là-dedans comme Frédérick, par exemple, et d'autres qui étaient là...

Je n'avais pas vraiment pensé à ça. Oui, j'imaginais que Frédérick devrait témoigner, les filles aussi, et presque tout le monde qui était à ce foutu party serait convoqué ; c'est Julianne qui aurait causé tout ça et c'est elle qui devrait les affronter. Je me demandai si elle n'avait pas raison, au fond. S'il ne valait pas mieux essayer de tout oublier... Mais non, je n'y croyais pas une seconde.

— Écoute, oublie tout ça une fois pour toutes, OK ? C'est du passé, et je vais bien finir par passer par-dessus un jour. On en parle plus…

— OK, si tu veux. Il faut quand même que je te dise que t'es pas toujours tellement convaincante.

— Il y a Existence. C'est ça qui me donne le courage de me lever chaque matin.

Existence. Oui, il y avait Existence.

Chapitre 21

Les cachotteries de Mélo

Pendant que la tempête faisait rage au sein des AAA, notre *band,* lui, ne chômait pas. La chimie qui s'était opérée le premier soir de répétition continuait de régner. Nous avions maintenant cinq chansons qui, sans avoir la variété d'émotions d'*Existence,* étaient vraiment, vraiment bonnes. Meilleur que tout ce que j'entendais à la radio! Le talent de Julianne explosait. Ses compositions étaient renversantes. J'avais parfois l'impression que c'était son âme et son cœur, hantés tous les deux par ses expériences, qui éclataient là, dans nos oreilles. J'imagine que, pour elle, c'était comme une thérapie, une façon d'extérioriser tous ses fantômes. Ainsi succédèrent à *Existence* des bijoux comme *Obsession, Innocence, Illusion* et bien d'autres. En les plaçant dans un certain ordre, il était clair qu'elles représentaient le cheminement de leur créatrice. Contrairement à ce que j'avais craint, il n'y avait pas que du désespoir ou de la colère dans ses chansons. Je sentais que Julianne commençait à entrevoir une certaine lueur d'espoir, et ça, c'était merveilleux...

aussi merveilleux que ce que je ressentais pour Frédérick. Moi qui avais craint, au tout début, que d'être amoureuse de lui gâcherait tout, je me rendais compte qu'en fait, ça donnait à toute cette aventure une dimension encore plus profonde. Je ressentais toutes les paroles des chansons différemment, je rattachais tout à lui… et lui semblait faire la même chose. Nous développions une complicité incroyable et je chantais encore mieux!

Nous étions tellement pris dans notre petit monde à nous que tous les potins faisant suite aux événements de l'école nous passèrent par-dessus la tête. On disait qu'Alex avait abandonné ses études et dansait maintenant au Caveau du sexe. Vrai ou faux? C'était très certainement possible, car, comme l'avait prédit Julianne, son père l'avait mise à la porte. Il n'avait même pas offert de l'inscrire à une autre école, ne lui avait laissé aucun choix. Il paraît qu'il lui avait simplement dit:

— Moi, avoir une fille de même, j'aime autant pas en avoir. Va faire tes conneries ailleurs!

De là à devenir danseuse, il n'y avait qu'un pas... qu'elle avait apparemment franchi. Elle était donc allée se réfugier chez un ami de Jérôme et c'est lui qui lui avait trouvé ce job, même si elle n'avait pas encore ses dix-huit ans... Ah! rien de tel que les contacts!

On disait aussi qu'en seulement quelques semaines, elle s'était mise à boire et à consommer tellement de drogue qu'elle avait l'air d'avoir vieilli d'au moins trente ans et qu'elle faisait peur à voir. Un épouvantail. C'était bien triste, mais je n'y pouvais rien.

Quant aux deux autres, on savait qu'Annie-Jade s'était retrouvée dans une école « spéciale » et qu'Alissia avait finalement emménagé avec le fameux Derek dans un appartement du centre-ville. Ou bien il avait compris qu'Alissia s'était fait jouer un mauvais tour avec la fameuse vidéo, ou bien il lui avait pardonné ce petit « écart ». Certains gars de l'école l'avaient vue qui travaillait comme serveuse dans un casse-croûte…

La rumeur circulait aussi que ZigZog était bel et bien mort. Après mon départ et celui de Frédérick, cela avait été au tour de Jérôme de quitter les rangs pour se joindre à un autre groupe. On disait que Sébastien avait été furieux, mais que Yannick et lui avaient fermement l'intention un jour de faire renaître le groupe de ses cendres. Je ne les avais pas revus, ces deux-là, et je m'en portais à merveille. Ils ne venaient plus à l'école chercher qui que ce soit et, de toute évidence, nous ne fréquentions pas les mêmes endroits. C'était parfait. Je ne voulais plus accorder à cet épisode de ma vie la plus minime importance. Mes amis et moi avions notre propre passion, nos propres rêves. Et avec Frédérick... Eh bien ! Avec lui, c'était merveilleux. Il se greffait à mon rêve de voir Existence se tailler une place quelque part dans le fabuleux monde de la musique.

Par contre, seule petite ombre au tableau, entre mes cours de chant — que j'adorais toujours autant et qui me faisaient progresser de façon spectaculaire — et l'école, l'emploi de soir et les études de Frédérick, en plus des répétitions hebdomadaires du groupe, il ne nous restait que peu de temps à passer ensemble. Aussi, Julianne me faisait de plus en plus participer à l'écriture des chansons : elle voulait créer des mélodies que moi seule pourrais chanter, des mélodies qui mettraient ma voix en valeur. Mais nous profitions tout de même de chaque moment ensemble, Frédérick et moi, et grâce à lui, j'ai eu la réponse à une de mes questions les plus inquiétantes : oui, il y avait effectivement BEAUCOUP plus à savourer d'une relation amoureuse et sexuelle que ce que j'avais vécu avec Sébastien.

J'avais eu peur, à un certain moment, de devoir faire ralentir les choses avec Frédérick. Je ne me sentais toujours pas prête à aller trop loin et surtout trop vite. Si j'avais presque accepté de coucher avec Sébas, j'avais du mal, étrangement, à me laisser aller à prendre la même décision avec

Frédérick. Et pourtant! Il me faisait sentir si bien... Mais, avec du recul, je crois bien que c'est précisément sa patience extraordinaire qui m'a poussée à attendre encore un peu. Je voulais recommencer à zéro, en fait. Je voulais découvrir avec lui ce que j'aimais, ce que j'espérais, ce que j'attendais. J'avais tellement peur d'être déçue! D'ailleurs, entre être déçue et le décevoir, lui, je ne sais pas ce qui m'angoissait le plus... Un jour que je fis part à Frédérick de mes appréhensions, il trancha:

— Si t'as peur de me décevoir, ça veut dire que tu le ferais juste pour me faire plaisir à moi. Et c'est pas ça que je veux. Quand ça arrivera, si ça arrive, ce sera parce que t'en auras autant envie que moi et parce que tu sauras que c'est le bon moment. Et là, tu pourras pas me décevoir parce que tu seras bien et, surtout, tu seras toi-même. Et toi, eh bien! je t'aime telle que tu es... Par contre, si t'as peur d'être déçue de moi, là, tu me mets de la pression pas à peu près!

Whoa! Mon cœur faisait mille pirouettes quand il me parlait comme ça. Il savait me dire les choses importantes de la bonne façon, avec les bons mots, sans dramatiser et sans que ça devienne trop sérieux. Juste simple. Le gros bon sens. Alors, en attendant ce fameux bon moment, je découvrais avec lui tant de choses...

D'abord, comment se faisait-il qu'un simple baiser dans le cou me fasse tant d'effet ?

Comment pouvait-il arriver à m'essouffler simplement avec un massage ? Pourquoi avais-je les jambes molles et le cœur qui s'affolait simplement parce qu'il me regardait ? Nous passions la soirée chez lui, parfois, à regarder un film. Et là, nous nous embrassions. Fort... et longtemps. Au début, j'étais mal à l'aise, car j'étais certaine qu'il commencerait à me demander bien plus que ça..., mais non. Il semblait très bien se contenter de nos corps collés l'un contre l'autre, de nos mains qui se découvraient, de nos bouches qui avaient toujours l'air affamées l'une de l'autre. C'était a-b-s-o-l-u-m-e-n-t- merveilleux. Parfois, ceci se terminait en session de chatouilles intenses dans les fous rires et les hoquets. Je rentrais chez moi le cœur gonflé à l'hélium et ma peau imprégnée de son odeur...

C'est moi qui en voulus plus. C'est moi qui, un soir, défis les boutons de ma blouse et lui offris mes seins. Il m'a regardée et a lu dans mes yeux que, oui, j'étais certaine, c'était exactement ce que je voulais. Ses caresses étaient lentes, douces, à la fois patientes et urgentes. J'avais tellement de frissons que j'étais certaine que ma peau resterait toute hérissée pour toujours. C'était bizarre... mon corps était entièrement recouvert de chair de poule, mais il s'en échappait en même temps une chaleur que je n'avais jamais pris le temps de déguster. C'était bon. Tellement, tellement bon. Il embrassait mes seins de ses lèvres si douces, les caressait doucement, embrassait mon ventre... et je lui ai fait enlever son t-shirt. Je voulais sentir sa peau sur la mienne, je voulais me frotter contre lui, pratiquement entrer dans son corps. Là, j'ai commencé à comprendre la fameuse phrase de Nadia... Enfin. Il était temps!

Durant les répétitions, je le regardais et je pensais à ces moments avec lui. Je tombais dans la lune en les revivant au ralenti, en sentant ses caresses sur ma peau, et j'en voulais encore. Et là, il me regardait aussi et j'avais l'impression que nous étions seuls au monde. Lui, moi et la musique. Il disait que ça paraissait dans ma voix. Il était temps que je sache, enfin, que je découvre ce petit quelque chose que je n'avais pas encore découvert. Restait à trouver le bon moment!

* * *

Un bon soir, alors que j'avalais la dernière bouchée de mon souper, je reçus un coup de téléphone de Mélo complètement hystérique.

—Saja, t'es à la maison? Bouge pas, il faut ABSOLUMENT que je te vois, c'est urgent, c'est capital, c'est absolument ESSENTIEL!!!!!

— Oui, Mélo, OK, le *band* va arriver à sept heures et demie ; je m'en vais nulle part ! Mais est-ce que ça va ? T'as pas de problème, j'espère ?

— Noooooon ! Pas de problème, tu vas capoter ! Attends, j'arrive !

CLIC.

OK. Que se passait-il donc pour la mettre dans cet état?

Il ne lui fallut pas plus de dix minutes pour arriver. Elle était essoufflée, avait les joues écarlates et elle était en sueur comme si elle avait couru jusqu'ici... et c'est bien ce qu'elle avait fait. Elle envoya voler ses bottes, arracha son foulard, prit à peine le temps de détacher son manteau et me sauta dessus.

— Saja !! Saja, c'est trop, trop cool !!!!! J'espère que tu seras pas fâchée contre moi... j'pense pas, mais au pire, vous pourrez toujours dire non... en tout cas. Non, tu vas tripper, j'pense, bin, ça devrait...

— Mélo… MÉLO ! Du calme, je comprends absolument rien à ce que tu dis ! Respire. Bon. Encore. Là, recommence, mais de façon compréhensible, OK ?

Elle respira un bon coup, secoua la tête. Sembla se calmer. Un tout petit peu. Puis elle reprit :

— OK, Saja. Tu sais que mon père travaille à la Ville. Bon. Eh bien ! Un de ses plus gros dossiers, c'est celui du Festival des arts. C'est toujours la première fin de semaine d'avril. Y a plein d'artistes de la région qui viennent exposer leurs œuvres : des toiles, des sculptures, des photos, des vêtements, tu vois le genre ?

— Bin oui, et c'est ça qui t'énerve à ce point là ?

— Attends, tu vas comprendre. Bon.

Elle respira encore un coup avant de reprendre.

— Les artistes qui viennent s'engagent à verser une partie de la vente de leurs œuvres à des organismes de charité. Et la Ville, de son côté, organise une grosse soirée. L'entrée est gratuite, mais les profits de tout ce qu'ils vendent comme bouffe et comme boisson vont aussi aux organismes de charité pour les sans-abris, les jeunes dans la rue et les familles dans le besoin. OK ?

— Jusque là, OK. Mais je vois toujours pas...

Elle leva la main pour me faire comprendre de me taire.

— Bon. Chaque année, ils invitent des groupes ou des artistes connus qui font un show. C'est vraiment cool, y a beaucoup de monde. Cette année, c'est Hors La Loi.

— Hors La Loi ! T'es sérieuse ? Ah ! ils sont vraiment *hot,* eux autres ! Tu sais comment je les aime ! J'ai leur dernier CD ! Et t'as eu des billets, c'est ça ? Trop fort !

— Mais non, je te l'ai dit, le spectacle est gratuit !

— Ah ! C'est vrai. Quoi alors ? On va pouvoir les rencontrer ? Ça, ça serait vraiment cool !

— Non... enfin, oui, ça aussi..., mais ce que je voulais te dire, c'est que mon père m'a mentionné, comme ça, qu'ils cherchaient un *band* pour faire la première partie. Ils auraient voulu avoir des jeunes du coin pour faire un lien avec le Festival des arts, tu sais, et j'ai tout de suite pensé à Existence, tu penses bien ! Je lui ai donné l'enregistrement que tu m'avais donné et des photos que j'avais prises pendant les répétitions... et... j'espère que t'es pas fâchée, mais le comité a dit OUI !!!!!!

J'étais bouche bée. Muette. Assommée. On allait faire la première partie de Hors La Loi ? Nous ? Et elle se demandait si j'étais fâchée ? Vraiment ? Je lui sautai au cou, la serrai dans mes bras, et nous avions encore une fois l'air de deux vraies folles ! Elle voulait me laisser l'annoncer au *band* après son départ, mais il n'en était pas question. C'était à elle de le faire.

Nous avons eu beaucoup de mal à laisser tout le monde arriver avant d'annoncer la nouvelle. Finalement, quand ils ont tous été là, j'ai juste dit :

— OK, la gang, Mélo voudrait vous parler de quelque chose...

— Bin, oui, on dirait bien que vous avez quelque chose à dire : vous avez l'air de deux énervées !

— Ouain, un peu. Euh... bon, OK... bin, c'est

que... Est-ce que vous connaissez Hors La Loi ?

— Bin voyons, tout le monde connaît Hors La Loi ! Ils sont *hot* !

— Bon, alors, c'est eux qui font le spectacle cette année au Festival des arts. C'est mon père qui l'organise et, euh...

— Ah oui ? Wow, c'est vraiment cool ! Ça veut dire qu'on va pouvoir les voir en spectacle ? demanda Julianne, les yeux brillants.

— Euh oui ! répondit Mélo, j'pense même que vous allez les voir de proche si vous... si vous acceptez de faire leur première partie.

Ils se sont tous transformés en statue. C'était comique à voir. Puis, après quelques secondes, ils ont refermé la bouche, ont cligné des yeux et ont recommencé à respirer. Leurs regards ébahis en disaient long. Suivit une cacophonie de « Hein ? Sérieux ? », « Pour vrai ? », « Trop *HOT !* », « *Yesssss !!!!!* », « Comment t'as fait ? »

Je pris la parole, essayant de les calmer un peu :

— C'est Mélo qui a tout fait.

Je leur racontai comment elle avait soumis notre candidature. Elle n'avait pas voulu nous en parler parce qu'elle voulait nous faire une surprise et ne pas nous décevoir si toutefois ça n'avait pas marché. Pour une surprise, c'en était une !

— Et imaginez-vous donc que Mélo avait peur qu'on soit fâchés qu'elle ait fait ça sans nous en parler ! Ouais, vous avez l'air aussi fâchés que moi !

Mélo avait un énorme sourire. Je ne me souvenais pas l'avoir vue aussi heureuse. Sauf peut-être quand elle avait su que j'avais été choisie pour chanter avec ZigZog dans ce qui me semblait une autre vie. Elle ajouta, l'air de s'excuser :

— Bin, y a un hic, c'est que, comme c'est une soirée-bénéfice, la Ville peut pas vous payer. C'est pour les sans-abris et les jeunes dans la rue, alors même Hors La Loi joue gratuitement. Mais la Ville paie évidemment votre repas et toute la location d'équipement...

— Tu sais, Mélo, dit Frédérick, si on avait pu, on aurait payé pour jouer là ! On s'attend pas à être payés, c'est sûr ! Saja, tu sais pas comment c'est, cette soirée-là : j'ai déjà vu les gardiens de sécurité être obligés de refuser du monde parce que l'aréna débordait !

Whoa ! Essayait-il de m'exciter ou de me faire paniquer ? Oui, c'était énervant. Mais si je voulais être une vraie vedette un jour, il fallait bien que je m'habitue au trac, et le plus tôt serait le mieux !

Donc, nous avions encore un mois pour nous préparer. Un tout petit mois. Plus précisément vingt-huit jours. Allions-nous y arriver ?

— Il faudrait que vous puissiez jouer environ quarante-cinq minutes. Alors, je comprends que vous êtes d'accord ?

Quarante-cinq minutes, c'était *grosso modo* huit chansons, soit exactement le nombre que nous avions. Quelques-unes n'étaient pas encore tout à fait au point, mais nous nous sommes regardés et n'avons pas eu besoin de délibérer. Julianne a dit ce que nous pensions tous avec un grand sourire :

— Si y en a un qui est pas d'accord, il est renvoyé tout de suite !

Elle savait bien qu'il n'y avait aucun danger pour ça !

Chapitre 22

Whoaaa !

Ces semaines passèrent à une vitesse folle. Comme le père de Mélo avait besoin d'une photo du groupe, Mélo en a pris des dizaines. Il était tellement difficile de choisir la bonne ! Nous ne voulions pas avoir l'air trop sérieux ni trop « amateurs ». Choix difficile... et nous avons fini par laisser son père décider. Aussi, quand ma mère me montra la publicité pour le spectacle dans le journal un samedi matin où j'étais encore à moitié endormie, j'ai sauté comme une grenouille épileptique à travers la maison. Wow ! Cette photo concrétisait tous nos rêves. Et à la pensée qu'elle se trouvait, à l'instant même, dans des dizaines de milliers de maisons, je pensai m'évanouir ! Et c'était sans compter toutes les affiches qui orneraient des centaines de commerces d'ici la date fatidique...

L'atmosphère des répétitions avait changé du tout au tout. Malgré notre état de surexcitation, nous avions maintenant un objectif concret. Bien sûr, nous travaillions fort avant, mais dorénavant, chaque musicien voulait que chaque chanson soit absolument parfaite.

Et pendant que nous pensions à la musique, Mélo, elle, s'était donné la tâche de « gérer mon image ». J'avais, pour ainsi dire, mon assistante personnelle. Elle m'avait découpé des pages et des pages de magazines, me montrait différentes tenues. Elle voulait que je sois parfaite ! Belle, à l'aise, originale... Elle avait essayé d'en montrer quelques-unes à Julianne, mais cette dernière refusait toujours avec obstination d'alléger son style.

— C'est ma musique que je veux montrer. Pas moi ! J'ai pas besoin de me transformer pour impressionner qui que ce soit !

Et je me retenais de lui faire remarquer qu'elle s'était pourtant déjà transformée, plusieurs mois auparavant...

Chaque jour qui passait voyait la tension augmenter. Malgré l'intérêt que je portais à l'école et à presque tous mes cours, j'avoue que j'avais souvent la tête dans les nuages. Je me permis un peu d'indulgence. Mes notes étaient somme toute assez satisfaisantes, et je me reprendrais bien après le spectacle ! Julianne, de son côté, passait tout son temps libre, même à l'école, à travailler les textes des chansons. Elle était bien heureuse d'avoir la tête pleine de musique et de pouvoir s'échapper de cette façon, car à l'école, dans ses classes, dans les corridors et à la cafétéria, chaque minute de chaque heure était consacrée, semblait-il, au bal des finissants. Et pour Julianne, il n'était pas question d'y assister ou de s'y intéresser. Elle en avait tellement assez d'entendre toutes les filles obsédées là-dessus!

— Des vraies folles! « Quelle robe je vais choisir? », « Quelle auto on va louer pour y aller? », « Comment ça va se passer après? », « Qui va conduire? », « Est-ce qu'il a dit oui? » Elles m'énervent! Pourtant, les gars ont pas l'air de s'énerver avec ça, eux autres!

Je partageais l'agacement de Julianne, tout en sachant qu'à mon tour, l'an prochain, je m'énerverais probablement tout autant. Je comprenais pourtant trop bien les raisons qu'elle avait de tenter de se tenir à l'écart de tout ça. Notre spectacle lui donnait donc un petit répit et l'excuse parfaite pour penser à autre chose!

Après deux semaines, les chansons étaient au point et nous pouvions les répéter dans l'ordre choisi. La dernière semaine avant le spectacle, nous étions satisfaits et confiants.

Puis, comme dans un rêve, le samedi du spectacle arriva. Nous devions nous rendre à l'aréna en après-midi pour une prise de son et… rencontrer Hors La Loi! Évidemment, j'avais très mal dormi la veille. J'étais allée chez Frédérick et il avait en vain tenté de me détendre. Rien à faire.

Mais ce n'était pas de la panique ni même du trac. Oh non ! C'était de l'anticipation, une impatience incroyable. J'avais hâte. J'étais bien un peu nerveuse, bien sûr, mais en même temps j'étais assez sûre de nous pour avoir hâte de montrer à la ville entière ce dont nous étions capables. Pourvu qu'il n'arrive aucun imprévu !

Quand nous sommes arrivés à l'aréna, je réalisai l'ampleur du défi qui m'attendait. La scène qui avait été installée me sembla immense. Les techniciens achevaient d'installer l'imposant système d'éclairage, et tout l'équipement de Hors La Loi était déjà en place. Pour éviter d'avoir à tout débarrasser rapidement, le batteur avait offert à Frédérick d'utiliser sa batterie. Les composantes étaient semblables à la sienne même s'il devait faire quelques ajustements. Les autres instruments étant moins contraignants d'un point de vue technique ; Simon-Pierre, Olivier et Julianne installèrent leur propre matériel à l'avant de la scène. Je restai assise dans les gradins tandis que mes musiciens s'installaient. Et je laissai les papillons voler dans mon ventre et les étoiles filer dans ma tête…

Quand Frédérick fit résonner la grosse caisse, marquant le début des tests de son, mon sang ne fit qu'un tour. C'était exactement comme les plus gros spectacles que j'avais vus, mais là, ce serait nous! Le technicien effectua des prises de son pour tous les instruments, puis vint mon tour. Un-deux, test-test, un-deux, *check*…

On nous demanda enfin de jouer; nous avons, bien sûr, choisi *Existence.* Dès la première note, j'ai eu l'impression de me soulever de terre. Je flottais au-dessus de la scène, je n'étais que de l'air. Comment décrire cette sensation? La musique qui emplit les oreilles et la tête entières, la musique qui fait vibrer les os, qui fait trembler le ventre, et ma voix, riche, claire, si *forte*… Je m'appliquai à faire résonner les notes tel que M. Parenteau me l'avait appris, et ça sortait tout seul. Je flottai quelque part dans l'atmosphère, complètement disparue dans les harmonies de cette chanson si spéciale. J'étais devenue simplement une voix, de l'air qui circule dans les poumons, qui monte dans la gorge, qui résonne et qui s'échappe, explosant de mille façons. Humain, ça? Je n'en étais plus du tout certaine. J'entendais cette voix qui ne semblait plus m'appartenir me sauter au visage, amplifiée et répercutée dans les moniteurs devant moi, et je planais. *I am an angel*…

À la fin de la chanson, tout de suite après mon atterrissage, nous nous sommes tous regardés et nous avons su que tout irait bien. Plus que bien, en fait. Ce serait incroyable. Puis des applaudissements sont montés de derrière la scène, et nous avons vu les cinq musiciens de Hors La Loi qui nous regardaient, tout sourire.

— Ouais, je pense qu'il va falloir qu'on soit bons pour pas se faire voler la vedette! Méchante toune..., dit David, le chanteur, encore plus beau que dans ses vidéo-clips.

— J'espère que les autres sont moins bonnes, sinon, on est dans le trouble! ajouta le guitariste.

— Hmmm, je sais plus si je veux te laisser ma batterie, le jeune! termina le batteur.

Ils avaient dit tout ça gentiment, sans rancune, et ils s'étaient avancés, mains tendues, pour venir à notre rencontre. Un rêve.

On nous avait réservé une table dans la grande salle à l'écart où un énorme buffet avait été dressé à l'intention des organisateurs, bénévoles, commanditaires et tous ceux qui étaient mêlés de près ou de loin à l'organisation de la soirée. Les musiciens de Hors La Loi nous ont invités à nous joindre à eux. Nous avons accepté avec plaisir, évidemment, et avons passé l'heure suivante à parler et rire avec eux. Ils étaient d'une gentillesse et d'une simplicité incroyables. Ils avaient adoré *Existence* et comme Julianne en méritait tout le crédit, nous le lui avons bien sûr accordé avec joie.

Je n'avais pas tellement faim. Des papillons, ça vous remplit un estomac! Et comme je n'avais surtout pas besoin d'une indigestion, je préférais ne pas trop manger. J'ai tout de même picoré un peu, question de ne pas faiblir… Mais à force de jaser avec tous ces musiciens et de regarder Julianne s'épanouir comme une belle fleur au printemps — il faut dire qu'assise aussi près d'un David Bisson qui vous regardait de ses yeux bleus électriques, n'importe quelle fleur se serait épanouie ! —, je trouvai toute l'énergie dont j'avais besoin.

Peu après le repas, je vis Julianne téléphoner et, à peine quelques instants plus tard, Maude arriva. Julianne s'engouffra dans la voiture, me disant simplement qu'elle avait oublié quelque chose chez elle, qu'elle revenait tout de suite…

Quand elle réapparut, je n'en crus pas mes yeux. La chenille était redevenue papillon. Peut-être bien que le beau David de Hors La Loi avait quelque chose à voir avec cette métamorphose, mais Julianne était sublime. Pas belle du genre poupoune comme les jupettes. Oh, non ! Elle portait une robe noire toute simple, moulante sans être provocante, et ses bottes lacées. Le style sombre était toujours bien là, mais en moins sévère. En plus féminin. Cependant, c'étaient son visage, ses cheveux, son allure surtout qui faisaient plaisir à voir. Avec son sourire légèrement maquillé, ses yeux perçants de chat qu'elle nous permettait enfin de voir — la frange qui les cachait normalement était retenue sur le côté par une pince —, Julianne sortait-elle enfin de sa cachette ?

Olivier, Simon-Pierre et Frédérick la complimentèrent et, une fois encore, je les félicitai secrètement de leur tact. S'il avait fallu qu'ils poussent des sifflements langoureux ou des commentaires suggestifs, cette nouvelle Julianne se serait sauvée en courant. Mais ils la regardèrent plutôt avec de beaux grands sourires complices et Simon-Pierre dit, presque timidement :

— Wow ! T'as vraiment des yeux de chat, Julianne. Et ce que tu portes est vraiment parfait pour ce genre de show ! En plus, ça te va très bien.

Cette dernière phrase, il l'avait presque murmurée… hmmm ! Se pouvait-il que Simon-Pierre ait un petit béguin pour ma belle Julianne ? Je me permis de l'espérer. Ce genre de gars pourrait sans doute lui faire voir une autre facette de l'amour et de sa propre féminité. On nous conduisit à notre « loge », que je déduisis être une chambre pour des joueurs de hockey, l'odeur qui y flottait étant éloquente. De là, nous n'avions aucune idée de ce qui se passait à l'aréna. Les gens devaient bien commencer à arriver. Qui aurait voulu manquer un spectacle de Hors La Loi, gratuit en plus ? Quand ma mère et Michel frappèrent à la porte, ils nous confirmèrent que l'endroit était déjà plein aux trois quarts. Je sentais déjà les battements de mon cœur s'accélérer dangereusement.

Ma mère me félicita pour ma tenue, prit plusieurs photos et nous souhaita tous un retentissant *merde* ! Lui succéda un défilé de personnes venues nous offrir leurs encouragements : Maude, le père de Julianne que je ne connaissais pas et celui de Frédérick que je ne connaissais pas davantage mais qui me regarda droit dans les yeux, m'offrit un chaud sourire et me dit :

— Mon fils a beaucoup de goût ! Éblouissez-moi, jolie demoiselle !

Arrivèrent ensuite ma grande sœur qui encore une fois avait fait les deux heures de route pour assister à cet événement, et, bien sûr, Mélo et Jonathan. Puis le père de Mélo parut et nous serra tous la main en nous remerciant d'avoir accepté de jouer. Nous remerciant ! Bizarre ! Nous nous serions jetés à ses pieds dans un élan de gratitude si nous l'avions pu! Il me fit un énorme clin d'œil qui me fit un bien incroyable et nous annonça que c'était le moment, que la salle était bien pleine…

Nous nous sommes donc retrouvés ensemble, main dans la main, Frédérick, Julianne, Simon-Pierre, Olivier et moi, à quelques instants de notre premier spectacle. Comme nous pensions tous la même chose, les paroles étaient inutiles : j'aurais pu jurer que nous étions en train de prier intérieurement pour que ceci soit le premier d'une longue série de spectacles. Que nous puissions ainsi continuer ensemble très, très longtemps. Que personne ne se trompe de notes, qu'aucun instrument ne se brise ou s'écrase. Que je ne me mette pas à caqueter comme une poule sans tête au lieu de chanter…

Nous nous sommes tous regardés, puis nous nous sommes ramassés dans une gigantesque accolade spontanée. C'était là, maintenant. Nous sommes montés sur scène tous ensemble ; nous ne faisions qu'un. J'étais à la fois absolument morte de peur et en complète surdose d'adrénaline. Quand Olivier et Frédérick entamèrent la première pièce et que je regardai enfin la foule devant moi qui attendait, incertaine de ce qu'elle allait voir et entendre mais ne demandant qu'à être conquise, plus rien n'eut d'importance. Enfin presque…

L'énorme spot s'alluma dès que je me mis à chanter, et je pouvais sentir sa chaleur derrière mes paupières closes. Lorsqu'enfin j'ouvris les yeux, des picotements incroyables coururent le long de ma colonne vertébrale. Je ne voyais que les quelques premières rangées de spectateurs ; j'étais aveugle au reste et ça me convenait très bien, car je pouvais *sentir* la foule. Elle était là, grouillante et silencieuse, mais bien là, et c'étaient des sourires que je voyais sur ces visages. À la fin de la première chanson, lorsque les lumières se sont éteintes, l'espace d'un instant, j'ai pu voir les gens. Quelle sensation ! Quel incroyable *thrill*... Je les voyais applaudir et ils avaient l'air aussi enthousiastes que nous.

C'est au moment d'entamer *Innocence*, alors que je prenais une profonde inspiration, que je vis Sébastien Beaudry dans toute sa splendeur qui s'était faufilé jusque devant la scène, une fille rousse à ses côtés et Yannick à sa suite enlaçant une blondinette javellisée. Je me souvins vaguement d'avoir vu cette rousse au party d'Halloween et surtout le gars, genre vedette de hockey, qui l'accompagnait ce soir-là. Mon cœur cessa de battre l'espace d'un instant, pendant une fraction de seconde qui manqua de me déstabiliser. Mais je refusai de laisser monter en moi toutes ces images immondes, les miennes et celles nées de ce que Julianne m'avait raconté... et je réussis à reprendre le contrôle de mon corps, de ma voix, de mon souffle. Et je chantai. Je chantai mieux que je n'avais jamais chanté. *Tiens, Sébas, avale ça.* Avec du culot à revendre, il me fit même un petit salut, levant son verre de bière et me regardant, puis saisissant la rouquine par l'arrière de la tête, il lui colla un énorme baiser mouillé en laissant clairement traîner sa langue sur les lèvres pulpeuses de la fille, qui avait l'air plutôt mal à l'aise. Était-il possible que j'aie déjà cru être amoureuse de ce gars-là ? Que j'aie tant souffert à cause de lui, rien qu'à cause de *lui* ? Oui, il était toujours aussi beau, aussi éblouissant. Mais je voyais maintenant que ce n'était qu'une façade, un joli déguisement pour cacher la laideur de ce qu'il était vraiment. Envers lui, je ne ressentais que le plus pur, le plus profond mépris.

Je regardai Julianne et son sourire me confirma qu'elle l'avait vu, elle aussi. Elle n'avait pas joué la moindre fausse note. Elle allait lui en montrer, à cet insignifiant. J'imaginais que ses pensées ressemblaient un peu aux miennes... Si elle pouvait le faire, je le ferais aussi sans aucun problème ! Quand je me suis retournée, je le vis qui repartait en titubant sévèrement. J'eus juste le temps de me dire : « Eh oui ! Une autre soirée bien arrosée pour les cons ! » avant d'entamer le refrain et d'oublier Sébastien. Complètement. Cette soirée n'appartenait qu'à nous.

Nous avons terminé notre spectacle sous des applaudissements bien nourris, enthousiastes et sincères. Je me souviens d'avoir pensé que la phrase de ma sœur aurait aussi été appropriée pour parler de cette soirée : « Ta première fois, tu vas t'en souvenir toute ta vie ! » Oui, ce premier vrai spectacle resterait sans doute gravé dans mon cœur à tout jamais.

Comme un signe du destin, tout de suite après cette pensée, c'est dans les bras de Nadia que je me suis retrouvée après avoir presque déboulé l'escalier derrière la scène. Ma grande sœur pleurait comme une Madeleine. Elle me regarda dans les yeux et me dit :

— Ouais, bin ça, comme première fois devant tant de monde, ça devrait te laisser de bons souvenirs ! T'étais absolument incroyable, sœurette !

Le reste est passablement flou. Des caresses, des accolades, des bisous sonores sur les joues, dans les cheveux, les lèvres de Frédérick, les *yesss !* de Simon-Pierre, les cris de joie, et Maude, Mélo, ma mère et le père de Mélo qui sautaient de joie... tout ça sembla durer une éternité. Une éternité dans laquelle je baignai avec joie !

Chapitre 23

La dernière chanson…

Nous aurions voulu rester là à revivre chaque note de ce spectacle, à commenter des petites choses ici et là qui n'avaient pas été parfaites, d'autres qui l'avaient été, mais nous ne voulions rien perdre de la performance de Hors La Loi. En se dirigeant vers la scène, l'un d'eux, nous voyant toujours aussi exaltés, lança avec un clin d'œil :

— Ouais, merci ! Vous les avez bien réchauffés ! Pourvu qu'on les refroidisse pas trop !

Nous avons donc quitté notre « loge » et sommes allés voir le spectacle. Nous nous sentions à la fois comme de vrais groupies et comme des vedettes. Des gens qui nous étaient familiers ou inconnus nous serraient la main, nous félicitaient, nous offraient à boire. C'était merveilleux. Les musiciens de Hors La Loi nous avaient offert de venir les voir jouer derrière la scène si nous en avions envie, mais nous avions préféré nous fondre dans la foule. Je me tenais près de Frédérick et je me sentais tellement liée à lui après ce que nous venions de vivre ensemble que la seule chose que je voulais était de demeurer tout contre lui.

Ce qui importait était là, autour de nous. Frédérick me prit dans ses bras, m'embrassa dans le cou et murmura :

— Je t'aime, Saja. Je t'adore. Je t'admire. Tu chantes comme une déesse et t'en as aussi l'air...

J'allais répondre par un baiser bien éloquent lorsque derrière nous surgit une voix du passé que j'eus tout de même un peu de mal à reconnaître, car l'articulation était pénible, pâteuse :

— Tiens, tiens. Fred. Tu m'avais caché tellement de choses ! Ça t'amuse de monter un *band* avec nos *rejects* ? C'est vrai que c'était pas pire comme show, dans le genre un peu *dark*, mais quand même... Pis là, t'aimes les petites fi-filles, astheure ? Eh bien ! *Man*, amuse-toi ! De toute manière, on a vu ce qui avait à voir avec ces deux-là, on te les laisse !

Je sentis Frédérick se raidir et j'eus peur. Peur qu'il dise ou fasse une connerie, du genre lui sauter dessus. Je le regardai, mais ses yeux fixaient un point quelconque droit devant lui. Aucune expression sur son visage. Je pouvais cependant sentir son cœur qui battait à toute allure et sa respiration devenir saccadée même s'il tentait de toute évidence de la contrôler. Je me tournai vers Julianne, espérant qu'elle avait gardé ce beau sourire, mais il avait disparu. Elle était blême. Livide. Elle serrait les poings et ses narines étaient dilatées. C'est Olivier qui sauva la situation. Il s'approcha de Sébas et lui dit :

— Écoute, je pense que t'es pas dans un état pour parler à qui que ce soit de quoi que ce soit. Fais de l'air, OK ?

Sébastien le regarda en oscillant, serra sa rousse contre lui et se retourna, une main en l'air avec le doigt du milieu bien dressé. Il partit rejoindre Yannick plus loin en plaçant bien en évidence sa main sur une fesse de sa copine qui tenta de se dégager, et nous ne les avons plus revus de la soirée.

Je partis vers Julianne et la pris dans mes bras.

— Ne le laisse pas gâcher cette soirée, Julianne, pas ce con.

— Non, ne t'en fais pas. Je ne le laisse rien gâcher du tout.

Et elle tint parole, du moins en apparence. Hors La Loi réussit sans peine à nous faire oublier l'incident, et l'adrénaline qui courait encore à flots dans nos veines fit le reste.

Après le spectacle, je vis ma mère et Michel qui se dirigeaient vers nous. Ma mère me prit encore dans ses bras :

— Nous partons, Saja. Vous allez fêter ça quelque part ?

— Je ne sais pas encore, nous en parlions justement...

— Écoute, si tu me promets de garder la tête sur

tes épaules et que Frédérick te ramènera à la maison, je comprendrai si tu rentres tard...

Elle me regardait dans les yeux et je pouvais lire toute son admiration et toute sa confiance. Mais aussi, évidemment, un peu d'inquiétude et d'hésitation...

Frédérick s'avança vers elle:

— Ne vous inquiétez pas, je vous la ramènerai saine et sauve et avec toute sa tête. Vous pouvez compter sur moi!

— Je sais, Frédérick. Je te fais confiance... Pas de niaiseries, hein?

— Pas de niaiseries, maman...

Et elle m'a serrée dans ses bras une dernière fois, fort comme quand j'étais toute petite, et je sentis tant d'amour et de complicité que les larmes me montèrent aux yeux. Trop d'émotions en une seule soirée, probablement!

Nous ne savions pas trop de quoi nous avions envie. Olivier et Simon-Pierre avaient envie d'aller prendre une bière quelque part, Julianne en avait assez des foules et du bruit, et moi, je ne savais pas trop. Mes oreilles bourdonnaient, j'étais dans un drôle d'état. Excitée mais épuisée, j'avais le corps en feu mais la tête dans les nuages. Aussi, quand quelqu'un suggéra d'aller écouter l'enregistrement du spectacle chez Simon-Pierre, je n'en eus pas envie. Ça pouvait bien attendre. Je ne me sentais pas trop réceptive pour analyser, écouter attentivement, décortiquer. Non, en fait, je voulais encore flotter un peu...

Nous avons donc tous échoué chez Frédérick et c'est là que nous avons laissé la tension baisser d'un cran. Bien assise contre lui, je regardai ces êtres qui étaient devenus si importants pour moi, qui avaient changé tant de choses dans ma vie...

Passé minuit, Simon-Pierre et Olivier ont finalement opté pour la bière en question. Ils avaient envie de fêter bruyamment leur soirée. Julianne, visiblement crevée, leur demanda de la laisser chez elle. Mélo et Jonathan nous quittèrent aussi et c'est comme ça que, subitement et à ma plus grande joie, je me retrouvai seule avec Frédérick.

Refermant la porte derrière Mélo, il ouvrit grand les bras et je m'y blottis. Je sentais la chaleur de son corps, les battements de son cœur, ses bras qui se refermaient sur moi, ses mains qui me caressaient et ses hanches qui se frottaient tout contre mon ventre...

Et je sus à cet instant que c'était là, maintenant, le bon moment. Ce moment que nous attendions tous les deux. Tout simplement. C'était parfait.

— Chante pour moi...

Et je chantai. Je chantai doucement les paroles les plus belles qui me vinrent à l'esprit, je chantai pendant que ses mains me déshabillaient. Je chantai pendant qu'il me caressait le cou, me massait langoureusement, puis j'arrêtai de chanter. Nos langues s'entortillèrent, j'avais des bouffées de chaleur délicieuses et j'étais nerveuse, oui, bien sûr, mais je n'étais certainement pas angoissée... Pas le moins du monde. J'étais totalement, entièrement, complètement, absolument, exactement là où je voulais être.

Couchée avec lui dans son lit, nus tous les deux, je pouvais bien voir, sentir et toucher son désir. Je n'étais pas plus expérimentée que je l'avais été avec Sébas, mais là, je laissai mon instinct me guider. Ma main s'enroula autour de son membre si dur et je le réchauffai doucement, lentement. Frédérick me chuchotait tout plein de mots d'amour...

Quand il se souleva pour me regarder, je me sentis rougir. Mais il sourit et me dit :

— T'es tellement belle. Est-ce que t'es bien certaine que c'est ce que tu veux ?

— Je n'ai jamais été aussi certaine.

Dans ma tête, des notes de musique explosèrent. Je revis chaque seconde de cette soirée inoubliable, et chaque baiser que Frédérick déposait sur mon corps décuplait la magie. Ses lèvres sur mes seins me firent entendre le piano lancinant de Julianne, sa bouche sur mon ventre, la guitare déchaînée, et, toujours, ma voix. Avec, bien sûr, les battements fous de mon cœur à la batterie.

Frédérick écarta mes cuisses et j'eus un sursaut. Non pas que je changeais d'idée… un simple réflexe, probablement. Le sursaut se transforma en plainte, en gémissements, quand ses doigts, d'abord, caressèrent cette chair encore si novice. Et quand il y déposa la bouche, sa langue chaude dessinant des arabesques là, tout au creux de moi, je ressentis de bien drôles de choses. Des frissons. Puis une chaleur intense, comme si elle émanait du plus profond de mon être. C'était comme si mon corps entier s'ouvrait pour accueillir ces caresses, comme s'il se gonflait pour en profiter davantage.

La bouche de Frédérick revint vers mon visage, il m'embrassa et je pus goûter mon intimité sur ses lèvres. C'était vraiment étrange... Il me regardait intensément, avait l'air de se concentrer furieusement. Je m'inquiétai :

— Est-ce que ça va ?

— Euh, oui ! bien sûr que ça va ! C'est juste que... je veux pas aller trop vite, mais, dit-il en regardant entre ses jambes son sexe dressé qui semblait prêt à éclater, lui, il veut ! Et je sais pas combien de temps je pourrai le faire attendre...

— Eh bien... t'es pas obligé de le faire attendre...

Sa main glissa à nouveau entre mes cuisses et me caressa davantage. Je me sentais humide et, même si j'en étais encore à apprivoiser ces nouvelles sensations, je trouvais ça bon. Délicieusement bon ! Quand son doigt glissa à l'intérieur, j'eus à nouveau ce petit sursaut et je me contractai.

— Je t'ai fait mal ? me demanda-t-il, inquiet.

— Non ! Oui ! non, c'est juste... bizarre. Bizarre, mais bon...

Oui, en effet, c'était bon. Très. Un peu douloureux, oui, mais difficile à décrire. Un mélange parfait de douleur et de bien-être. J'avais l'impression que si cette petite douleur n'avait pas été là, ça aurait été *trop* bon. Il laissa glisser son doigt doucement en moi, frotta le contour de mon sexe, et je me sentais de plus en plus moite. Frédérick se leva, fouilla dans un tiroir et en sortit un condom. Il déchira l'emballage et commença à l'enfiler.

— Je peux ? Montre-moi…

Je ne sais pas pourquoi je lui ai demandé ça ! Je n'avais jamais fait ça de ma vie ! J'allais tout gâcher ! En fait, je voulais peut-être retarder l'échéance et profiter de cet « habillage » pour le caresser encore un peu ? Après tout, il me faudrait pratiquer ! Je posai donc le condom sur le bout de son pénis et il me montra comment le dérouler : très lentement et doucement pour ne pas le déchirer. Je compris bien où il voulait en venir et continuai à dérouler le condom délicatement, laissant mes doigts se resserrer légèrement autour de son membre. Un autre millimètre ou deux, une autre caresse...

— Ahhh ! T'es dure avec moi !

Une fois le condom déroulé, Frédérick se glissa sur moi, m'embrassant amoureusement. Je le sentais, là, entre mes cuisses, hésitant à se frayer un passage. Je sentais bien qu'il faisait de son mieux pour être doux, mais c'était trop... je voulais enfin savoir, sentir. Être. Avec lui.

Il poussa un peu plus fort et, sans que je m'en rende vraiment compte, je basculai les hanches vers lui. Ce qui devait se produire se produisit et je ressentis comme une déchirure, une douleur, brève mais assez intense, qui fit place rapidement à une autre sensation beaucoup plus agréable. Comme si Frédérick faisait partie de moi. Et cette chaleur... je la croyais intense, plus tôt, mais ce n'était rien, rien du tout !

Frédérick haletait de plus en plus, nos sueurs s'emmêlaient autant que nos langues, c'était à la fois un peu douloureux, délicieux, excitant, inquiétant... jusqu'à ce qu'il se mette à accélérer la cadence et à m'embrasser avec encore plus de fougue. Il se souleva sur ses bras et entra en moi profondément, les yeux clos, poussant un gémissement grave.

Je sentis son corps se secouer encore plus... et

se relâcher. J'aurais tant voulu que cela dure plus longtemps! Je commençais juste à m'habituer, à me détendre. Frédérick bascula et je me blottis dans ses bras en tentant d'analyser mes sentiments. Bien-être. Un peu de douleur. Beaucoup de bonheur. L'espoir qu'il reste toujours près de moi. Et, finalement, un tout petit peu de déception..., car tout ça s'était passé bien vite. Trop vite. Comme s'il lisait dans mes pensées, Frédérick murmura:

— Excuse-moi, j'ai pas pu me retenir plus longtemps. Tu m'excites trop, j'avais tellement hâte. J'espère que t'es pas trop déçue...

En guise de réponse, je l'embrassai et me serrai encore plus près de lui. Et là, je sentis se répandre dans mon ventre cette même chaleur qui m'avait envahie plus tôt. Frédérick glissa sa main entre mes cuisses et me frotta là, tout en bas, avec une douceur surprenante. Je ressentais de drôles de choses. J'aurais aimé me lever, car j'avais bien saigné un peu, mais je n'avais pas du tout envie d'interrompre les caresses de Frédérick. Mon cœur battait de plus en plus vite, de plus en plus fort, et ce n'était pas que mon ventre maintenant qui dégageait une chaleur de brasier, c'était mon corps entier. Il glissa un doigt en moi, caressa mon clitoris doucement et tout à coup, je sursautai. Toutes les décharges électriques qu'il m'avait fait sentir depuis que nous nous connaissions venaient de converger en un seul choc énorme qui me souleva, me transperça d'une manière tout à fait indescriptible. Mon corps se raidit et mon ventre trembla, puis je me sentis devenir toute molle, vidée. Je sentis les larmes me monter aux yeux inexplicablement. Je n'étais pas triste, loin de là…, mais ce que je venais de ressentir était merveilleux. Court, bizarre, intense, mais merveilleux.

Je compris que je venais de vivre ma « première fois ». Ou plutôt, devrais-je dire, plusieurs « premières fois » ! J'étais sous le choc. D'abord, l'étonnement : c'était donc ça ? Ah ! je comprenais enfin pourquoi on en faisait tout un plat. Le moins qu'on puisse dire, c'est que c'était prometteur ! Et là, un tas de choses devenaient plus claires, à commencer par ce qu'avait tenté de m'expliquer Nadia, car de tout ce que je venais de vivre, le plus merveilleux était cette proximité que j'avais ressentie avec Frédérick, cette intimité. Si, *pendant* la chose, j'avais été heureuse d'être avec Frédérick, *après*, je l'étais encore plus. Oui, vraiment, c'était bien prometteur, tout ça ! Les prochaines fois seraient sans doute encore meilleures et j'avais vraiment très, très envie de savoir. On verrait bien.

Tant de fois Frédérick et moi avions parlé de nos

rêves, de nos ambitions musicales, de notre désir d'être ensemble longtemps, longtemps. Oui. Ce serait extraordinaire. Je l'espérais ardemment. Mais en attendant, les paroles de ma grande sœur me revinrent en mémoire, cette fois-ci de façon tout à fait opportune. Et je pense que je pouvais affirmer sans trop de crainte de me tromper que oui, ce serait, c'était déjà, en fait, un très, *très* beau souvenir.

Épilogue

Nous avons tous vécu les semaines suivantes dans une bulle de bonheur. Les retombées du spectacle rejaillirent partout. Le directeur de l'école nous a même offert de jouer pendant les fêtes de fin d'année et nous avons accepté, évidemment, avec le plus grand plaisir.

Mais juste avant que les cours achèvent, une nouvelle — une autre — s'était propagée à la vitesse grand V. Le soir où j'avais vécu ma « première fois » avec mon Frédérick d'amour, peut-être même au même moment, une autre fille avait vécu, à quelques coins de rue à peine, quelque chose de très différent. Nadia n'avait-elle pas dit qu'autant ça pouvait être « magique », « extraordinaire », autant ça pouvait être « l'enfer » ? Pour moi, cela avait été magique. Les notes de notre spectacle, qui avaient fait écho aux battements de mon cœur et à la course folle du sang dans mes veines, en avaient témoigné. Mais pour cette fille, Élysabeth, il n'en était pas allé de même. Pendant que moi, j'avais vécu la magie, la fille rousse qui accompagnait Sébas le soir du spectacle avait vécu l'enfer.

On racontait que Sébastien, passablement éméché, l'avait forcée à faire des choses avec lui et, comme elle résistait, Yannick s'en était mêlé et de manière pas très délicate. Plusieurs semaines s'étaient écoulées, mais, incapable de surmonter le choc, elle avait parlé à ses parents qui, à leur tour, avaient appelé la police. Il y avait donc enquête, en ce moment, sur Sébastien surtout, mais aussi sur Yannick et des « copains » qui étaient sur place.

Cette nouvelle me mit dans un drôle d'état et je me souvins de ce que Julianne avait dit: « On récolte toujours ce qu'on sème. » Oui, ça en avait bien l'air...

Julianne réagit de façon inattendue. Je croyais que ceci « bouclerait la boucle », qu'elle sentirait que Sébas et Yannick payaient enfin pour ce qu'ils avaient fait. Mais elle sembla plutôt craintive et se referma comme une huître, régressant à l'état dans lequel elle était quand je l'avais rencontrée. Je ne tirai rien d'elle jusqu'à la dernière journée d'école lorsqu'elle m'annonça qu'elle partait en voyage. Elle économisait depuis longtemps pour s'acheter un nouveau clavier, mais jugeait que ça pouvait attendre. Là, elle avait besoin de partir, seule, quelque part où elle ne connaissait personne...

— Je ne veux plus avoir peur, tu comprends ? Je veux voir si je peux refaire confiance au monde, si je peux me débrouiller toute seule sans toujours vouloir me cacher...

Elle partit donc voir les Rocheuses, toute seule, sac au dos, pendant un gros mois. À son retour, c'était une autre fille. Elle s'était fait des amis des quatre coins du monde, avait rencontré des gens qui l'avaient aidée sans rien attendre en retour, avait vécu toutes sortes d'aventures qui lui avaient redonné confiance en elle et, je pense bien, en l'humanité. Elle avait délaissé définitivement les sacs de patates en guise de vêtements sans toutefois revenir aux jupettes, ce qui était très bien ! La première chose qu'elle me demanda à son retour fut :

— Dis donc, est-ce qu'il y a du nouveau dans l'enquête au sujet de Sébas et Yannick ?

— J'en sais pas grand-chose, que des rumeurs... Il paraît que les deux gars auraient dit qu'Élysabeth n'avait jamais dit qu'elle n'était pas d'accord, que c'était même elle qui avait tout proposé, tu sais, le baratin. Et comme elle avait attendu plusieurs semaines, il n'y avait pas de rapport médical...

— Élysabeth ? Tu la connais ?

— Pas tellement, mais Mélo la connaît. Elle va à l'Académie Sainte-Croix et sa mère est une amie de la mère de Mélo. En tout cas… ça n'avance pas tellement vite.

— Ouain, c'est bien ce que je pensais. Sa parole contre la leur...

Elle demeura songeuse un moment. Puis elle me regarda et ajouta :

— Saja, j'aurais une faveur à te demander...

C'est ainsi que Frédérick et moi avons accompagné Julianne au poste de police. Le fait qu'une autre fille ait eu le courage de dénoncer ses agresseurs donnait enfin le courage à Julianne d'en faire autant. Beaucoup de temps était passé, mais ça n'enlevait rien aux faits. Un deuxième témoignage ne ferait que renforcer le premier et Frédérick était tout à fait d'accord pour appuyer ce que Julianne révélerait. J'aurais tant aimé faire quelque chose de concret ! Mais, évidemment, ce qu'ils m'avaient fait à moi, même si c'était dégueulasse, n'était pas illégal. Je ne pouvais que soutenir mon amie et l'encourager du mieux que je le pouvais. Et ça, elle en avait bien besoin.

En effet, Julianne révélerait tout, absolument tout ce dont elle se souvenait.

Julianne ne voulait plus avoir peur. Elle savait que toutes ces procédures prennent de longs mois, voire des années. Mais elle n'était pas pressée. Elle attendrait. Et pour mieux attendre, elle agissait. Enfin.

Que nous réservaient les mois, les années à venir ? Je n'en savais rien. Je souhaitais quand même que la prochaine année scolaire soit un peu moins mouvementée que celle que je venais de passer...

Quoiqu'avec de tels amis, je me sentais prête à affronter n'importe quoi...

On verrait bien!

Si ce livre a fait naître des questionnements ou d'autres émotions chez toi, n'hésite pas à contacter Jeunesse, J'écoute.

Il n'y a pas de question trop simple ou gênante.

Ça reste entre nous.

1 800 668 6868

Jeunesse, J'écoute

jeunessejecoute.ca

À venir dans la même série

(Automne 2009) :

Le cœur d'Élysabeth est en miettes. Elle en a assez de souffrir de cette douleur atroce qui ne fait qu'empirer depuis des mois. Tout ce qu'elle veut, c'est revenir en arrière, effacer ce qui s'est passé…

Elle ne sait plus très bien comment elle en est arrivée là. Tout allait si merveilleusement bien, avec Nico surtout, l'amour de sa vie. Ils étaient complètement, totalement amoureux, découvraient tant de choses ensemble, à leur rythme. Leurs corps s'étaient apprivoisés, explorés, leurs caresses étaient devenues de plus en plus délicieuses, passionnées, et ils étaient si bien ensemble, n'écoutant que leur désir et leur passion…

Que s'était-il passé ? Comment une fille comme elle, heureuse, talentueuse, choyée par la vie et par son entourage, s'était-elle retrouvée dans les bras d'un garçon aussi abject que Sébastien Beaudry, ce charmeur qui ne voulait qu'ajouter une autre fille à ses trop nombreuses conquêtes ? Qu'est-ce qui avait tout fait basculer ainsi ?

Ses nouveaux amis, Julianne, Sarah-Jeanne et Frédérick, essaieront de lui redonner le goût de vivre et de sourire, mais c'est une tâche bien difficile... car Elysabeth est déjà blessée de sa rupture avec Nico; mais depuis cette horrible nuit, au motel, elle est au bord du gouffre et n'a plus la force de se battre pour redevenir heureuse. Plus rien n'a d'importance. Sauf, peut-être, la vengeance. Ou, du moins, une forme de justice. Elle sait bien que cela ne changera rien à ce qu'elle a subi, le soir du concert d'Existence au Festival des arts, mais elle veut que ses agresseurs souffrent, eux aussi. C'est peut-être mal de penser ainsi, mais elle n'y peut rien... Comment une fille aussi douce et généreuse qu'elle peut-elle en venir à souhaiter tant de mal à quelqu'un? Réussira-t-elle à assouvir ce besoin viscéral sans devenir aussi méchante que ceux qui lui ont fait tant de mal?

Parfois, le destin décide lui-même...